ARNAUD DESJARDINS

# LES CHEMINS DE LA SAGESSE

3



LA TABLE RONDE
9, rue Huysmans, Paris 6e

ISBN 2-7103-0457-0

# INTRODUCTION

Tous les hommes cherchent le bonheur. Ceux qui sont trop malheureux pensent : « Que je puisse seulement échapper à ma souffrance et je ne demande rien d'autre. » Mais si leur angoisse ou leur désespoir se dissipe, les aspirations et les désirs commencent à redresser la tête. Parfois un homme, qui a ce qu'il faut pour être heureux et qui l'est en effet, se sent étreint par la vision de toute la misère matérielle et morale répandue dans le monde : pauvreté, maladie, infirmité, famine, guerre, enfants tués sous les yeux de leurs parents, parents tués sous les yeux de leurs enfants. Autant que s'il souffrait lui-même, il pense : ce n'est pas possible d'accepter sans rien faire que tant de malheur existe.

Rien de ce en quoi l'humanité a cru n'a réussi à triompher de la souffrance. Ni la Science, ni l'Instruction, ni la Machine, ni le Progrès, ni la Liberté, ni la Victoire, ni l'Information, ni la Coopération, ni l'Emancipation, ni la Production, ni l'Empire, ni la Royauté, ni la Révolution, ni la Démocratie, ni le

Socialisme, — ni la Religion n'ont donné aux hommes l'harmonie et le bonheur. Il suffit de lire de bout en bout, ne serait-ce qu'une fois, un quotidien pour savoir à quoi s'en tenir. Toutes les religions affirment montrer le chemin de l'amour et de la paix. Mais ni Krishna, ni Lao-Tseu, ni Bouddha, ni Jésus-Christ, ni Mohammed n'ont définitivement établi la paix et l'amour dans ce monde. Au nom de certaines religions des fanatismes ont été attisés, des guerres déclarées, des hommes torturés, des vérités niées, des souffrances multipliées.

Il y a cent ans l'humanité occidentale croyait au Progrès, depuis la barbarie, l'ignorance et l'obscurantisme primitifs jusqu'aux bienfaits de la Civilisation. Cette bienfaisante Civilisation dont ils étaient fiers, les Européens prétendirent l'apporter au reste du monde, qualifié de sauvage, moyenâgeux ou arriéré. L'idée de progrès de l'humanité, si évidente et certaine pour la race blanche, était en contradiction avec la tradition de toute l'Asie qui voit, dans ce que nous appelons les temps historiques, la fin d'un cycle *(kalpa)* : l'âge sombre *(kali yuga)* au cours duquel la culture dégénère de plus en plus et la quantité l'emporte partout sur la qualité. L'horreur des deux guerres mondiales, les craintes de plus en plus précises devant les conséquences désastreuses à long terme de la plupart des inventions, la tension nerveuse et le déséquilibre mental sans cesse croissants, enfin la découverte des spiritualités orientales ont détruit dans presque tous les esprits l'illusion que ledit progrès mettrait un terme aux souffrances humaines. L'humanité a produit beaucoup de grands hommes, honorés de leur vivant ou après leur mort, des chefs, des penseurs, des savants. Mais malgré César, Ashoka, Akbar, Jeanne d'Arc, Saint Louis, Léonard de Vinci, Karl Marx, Shakespeare, Abraham Lincoln, Victor Hugo, James Watt, Thomas Edison, Louis Pasteur, Flemming, Freud, Jaurès, Gandhi, en fin de compte « le monde ne va pas mieux ». Beaucoup de gens commencent même à constater que tout va de mal en pis.

Par contre, de nombreux témoignages, parvenus jusqu'à nous à travers les siècles, affirment que le mensonge, la violence, la souffrance — et même la mort — ne sont pas le fin mot de l'histoire. Des textes, des œuvres d'art, le souvenir d'hommes et de femmes ayant vécu parmi nous, proclament qu'il est possible d'échapper à l'aveuglement général. Aussi humaines et tristement humaines soient-elles, les religions ont toutes donné, à l'origine, un enseignement conduisant au-delà de la condition humaine, ou conduisant à la véritable Humanité, et un ordre social juste.

Si les hommes demeurent « endormis », « aveugles », « plongés dans les ténèbres de l'erreur », « déchus », et le prouvent abondamment, des hommes ont aussi prouvé qu'il était possible de s'éveiller, de se libérer, d'atteindre la perfection. Il y a toujours eu des saints et des sages à la surface de la planète. Il n'y en a jamais eu que fort peu.

Plus les hommes doutent d'eux-mêmes et se sentent perdus, plus ils rêvent de sérénité et de certitude. Le mysticisme, le yoga, la méditation, l'ésotérisme, la Connaissance avec un C majuscule sont beaucoup plus à la mode aujourd'hui qu'ils ne l'étaient il y a cent ou même cinquante ans.

Ces livres, « Les chemins de la sagesse », s'adressent à ceux qui s'intéressent déjà à ces questions, qui sont déjà convaincus, d'une part, de la réalité de la Sagesse, et d'autre part, qu'il existe des chemins pour y parvenir. Comment ont-ils acquis cette conviction, sur quelle certitude est-elle fondée, est-ce même une certitude ou seulement une compensation à leurs frustrations, ceci est une autre question. L'étudiant qui s'inscrit à la Faculté de Médecine ne met pas en doute qu'il existe des maladies, qu'il existe un moyen de les soigner et souvent de les guérir, qu'il existe des hommes connaissant ce moyen et pouvant le lui enseigner. Les films que j'ai tournés en séjournant auprès de maîtres hindous, dans des monastères et des ermitages tibétains, parmi les moines zen, ainsi que mes trois premiers livres ont au contraire été des témoignages : « Voici, ceci existe. Je viens à mon tour, après tant d'autres, annoncer une bonne nouvelle. Un homme peut devenir un sage. J'en ai approché. J'ai vécu auprès d'eux. Des enseignements, des disciplines permettent de préparer la révélation de cette sagesse. » La télévision est un moyen d'information nouveau à l'image d'un temps où règne la quantité. Le patrimoine de l'humanité a heureusement conservé des documents autrement plus profonds, plus précis et plus précieux que des films ou des récits : les Ecritures sacrées des différentes traditions, les commentaires des maîtres qualifiés sont peu à peu traduits d'une langue en une autre.

A travers les siècles, ces connaissances ont été incarnées et transmises par une succession ininterrompue de maîtres et de disciples. Elles inspiraient toute la culture et la civilisation des communautés qui s'en réclamaient. Un homme était d'abord un chrétien appartenant à la Chrétienté, un musulman appartenant à l'Islam, un hindou, un bouddhiste. Malgré toutes les « vicissitudes de l'histoire », l'Inde ou la Chine en 1900 après Jésus-Christ avaient conservé la même culture et la même civilisation que l'Inde ou la Chine en 600 avant Jésus-Christ. A la source de différences manifestes, éclatantes, toutes les traditions anciennes et durables ont une essence commune, la « Philosophia Perennis », la sagesse éternelle, le *sanathana dharma* des Hindous. Si on prend la peine de dépasser les apparences pour découvrir ce dont elles sont l'expression, les similitudes entre les enseignements judaïque, védantique, bouddhique, islamique, taoïste et chrétien se révèlent de plus en plus frappantes. Chaque religion a eu ses abus, ses réformateurs, ses fidèles ignorants et superstitieux, ses maîtres, ses saints, ses sages. Au-delà des différences théologiques irréconciliables, un certain nombre de principes fondamentaux ont été reconnus partout et en tout temps. La loi de Moïse, les instructions de Bouddha, les règles éthiques *(yama, niyama* et les *shastras)* des Hindous, les hadiths de Mohammed ne s'opposent pas, au contraire.

Toutes ces Traditions, tous ces Enseignements, toutes ces Cultures étaient inspirés par une même vérité, immense de conséquences mais toute simple et qui exprime en une phrase des milliers de textes, des millénaires de civilisation, des coutumes et des codes de lois, des œuvres d'art immortelles, des sciences traditionnelles. Cette vérité, cette petite phrase, la voici : « Le sens de la vie réside dans l'être et non dans l'avoir. » Quatorze mots qui résument toute la Connaissance, toute la Sagesse. Quatorze mots qui ont imprégné l'existence des hommes pendant des millénaires, même l'existence de ceux qui possédaient plus ou beaucoup plus de richesses que les autres. « Etre » cela veut dire très précisément : être libre de l'avoir. Quatorze mots qui expliquent tout ce qu'a été le monde et tout ce qu'il n'est plus. L'Europe a apporté au reste de l'espèce humaine le triomphe du pire hypnotisme qui puisse maintenir les hommes dans l'esclavage et la souffrance : « Le sens de la vie réside dans l'avoir et non dans l'être ». Le mot d'ordre a été d'ailleurs ouvertement proclamé : « Il faut créer des besoins. » Les civilisations fondées sur l'être ont duré des millénaires : l'Inde à la veille de l'indépendance, la Chine à la veille du régime de Mao, manifestaient les mêmes principes immuables depuis trois mille ans. Les civilisations fondées sur l'avoir se sont écroulées sous les coups de leurs ennemis parce que, derrière une façade de prospérité, elles s'étaient d'abord effondrées de l'intérieur. Si jamais un paysan hindou déterrait dans un champ une statue de Shiva ou de Krishna vieille de trois mille ans, elle lui parlerait de sa civilisation actuelle. Si un paysan italien ou provençal trouvait une statue de Junon ou de Mercure, il n'y verrait qu'un vestige historique. L'Inde et la Chine étaient depuis longtemps parfaitement civilisées à l'époque de l'Empire romain qui nous paraît si loin dans le temps. Le sentiment d'avoir ses racines non dans l'histoire mais dans l'éternité a imprégné, jusqu'aux bouleversements actuels, toute la mentalité des Hindous et des Chinois tant soit peu instruits.

Ces cultures traditionnelles ont transmis, de génération en génération, des connaissances que le monde moderne croit découvrir et qu'il aborde à peine. En matière d'anthropologie, psychologie des profondeurs, sociologie, influence des structures sociales sur le facteur individuel, etc., le védanta, le yoga, le tantrisme, les différentes écoles bouddhiques, le soufisme ont formulé, vérifié, mis en pratique un ensemble organisé et cohérent de connaissances rigoureuses. Il m'arrive rarement de lire un ouvrage français, anglais ou américain consacré à une des « sciences humaines » sans constater qu'une des « conquêtes de l'esprit moderne » ou « conquêtes du XX^e siècle » quant à la sexologie, l'éducation et la psychologie infantile, les motivations inconscientes (ou, plus généralement encore, la réalité même de l'inconscient et du refoulement), le langage et la communication, n'est que l'expression tâtonnante d'affirmations qui se trouvent répétées dans d'innombrables Ecritures et commentaires traditionnels. Je les ai moi-même entendu enseigner par des maîtres contemporains pour qui ces textes avaient une valeur concrète, pratique, actuelle. Si ce n'est pas du parti pris, c'est une bien grande ignorance de la part de nos contemporains de présenter ainsi, comme leur toute nouvelle science, des petits fragments d'une connaissance totale, si oubliée et perdue par l'Occident moderne : la science de l'être.

L'ésotérisme est donc la science de l'être, ou de la croissance de l'être, ou de l'évolution de l'être. C'est par rapport à cette science fondamentale que s'ordonnent toutes les sciences traditionnelles. Les sciences modernes — qui ne s'y rattachent pas — ne mèneront jamais à la Connaissance réelle. Elles ne changent pas l'être du chercheur scientifique, ou du savant ou du technicien. Les connaissances véritables ne peuvent, au contraire, être acquises qu'au fur et à mesure de cette transformation de l'être.

L'homme qui, aujourd'hui, s'intéresse au védanta,

au yoga, au zen, au soufisme, aux pères de l'Eglise, à l'hésychasme orthodoxe, est un homme qui ressent, plus ou moins confusément ou consciemment, le besoin d'être. Cela paraît tout simple. C'est pourtant devenu l'entreprise d'une vie et demande beaucoup d'efforts, beaucoup de courage, beaucoup de persévérance.

# 1

# SE SITUER

J'écris ce chapitre en juin 1971, tandis que je séjourne dans un petit ashram de l'Inde. Deux expressions reviennent sans arrêt dans les conversations, aux premières pages des journaux, sur les affiches. Deux expressions en langue bengalie : *mukti fauj*, armée de la Libération, *mukti bahini*, mouvement de Libération. Rien ne paraît plus contemporain, plus XX^e^ siècle, que ce terme de *mukti* et son équivalent français : libération. *Mukti bahini* désigne le combat des Pakistanais de l'Est pour un Bangla Desh indépendant mais nous avons aussi connu la libération de la France et le « Paris libéré, libéré par son peuple » du Général de Gaulle, puis le « Front de Libération Nationale » en Algérie et le « Front populaire pour la Libération de la Palestine ».

Non seulement le désir de libération est une des idées-forces du monde moderne mais beaucoup affirment que ce désir est, en effet, une conquête récente de l'humanité. Il semble que pendant des millénaires, les hommes ont trouvé normal de vivre dans la servitude : femmes soumises aux maris, fils soumis aux pères, peuples soumis aux despotes et tout le monde soumis à des contraintes religieuses et sociales. A en croire certains, jusqu'au XVIIIe (ou, au mieux, au XVIe siècle) en Europe, et sauf dans quelques rares sociétés éphémères, ici ou là, comme la Démocratie athénienne, les hommes ont toujours vécu sans liberté de pensée, sans liberté de conscience. Les esprits libres ou les libres penseurs qui avaient la lucidité et le courage de s'insurger contre l'asservissement politique, social, religieux, intellectuel étaient bannis, excommuniés, exilés ou torturés. Galilée, Luther, Hugo, pour ne considérer que notre Occident, sont les exemples les plus souvent cités. Aujourd'hui, au contraire, partout et de tous les côtés, on libère à tour de bras : on libère l'art, on libère la femme, on se libère sexuellement, on se libère des tabous et des préjugés. Et pourtant, l'oppression militaire, totalitaire, policière ou financière, règne sur la moitié de l'humanité tandis que l'autre moitié est soumise à la pression des idéologies, de la publicité, des modes, de la suggestion ou de l'« intoxication » sous toutes sortes de formes. Ceci est connu et je ne m'étendrai pas.

Un fait important, par contre, est de plus en plus méconnu : ce que je viens d'écrire sur la conquête de la liberté, aussi généralement accepté soit-il, est une caricature de la vérité.

Le mot bengali *mukti*, libération, au nom duquel les ponts sautent et les bombes explosent, n'est autre que le terme sanscrit *mukti* qui a été, pendant plusieurs milliers d'années, le But ultime de tous les ascètes d'Asie, tous les yogis et, plus généralement, tous les hindous et tous les bouddhistes. Le Sage parfait est appelé *jivan-mukta*, « libéré dans cette vie même ». Que *mukti* ait parfois été traduit en français par délivrance au lieu de libération n'infirme en rien mon propos. Tout l'Hindouisme, sa métaphysique, son symbolisme, ses pratiques, ses lois, ses règles, son organisation de la famille et de la société, y compris — pour ne pas dire à commencer par — ce que nous considérons comme des carcans dont les Indiens réussissent enfin à s'émanciper, tout ce que l'Inde a été pendant cinq ou même six mille ans, culmina dans cet idéal de Libération. Parfois, au lieu de mukti, les textes font apparaître le mot *kaivalya*. Il signifie indépendance absolue ou, encore mieux, non-dépendance. L'idée transmise est la même. Pendant cinq mille ans des hommes dont l'idéal était le mot Libération ont accepté un ordre et des structures durables sans penser que celles-ci soient « aliénantes » ou « oppressives ». Il a fallu la confusion mentale moderne pour inverser toute la vérité, voir l'oppression là où est la liberté et la libération là où se trouve la servitude.

Cet ordre se précisait, c'est vrai, à travers des interdictions : « Tu ne tueras pas », « Tu ne convoiteras pas », « Tu ne commettras pas l'adultère. » C'est bien ce que dit aussi la loi de Moïse dont les Chrétiens — et tout l'Occident — ont hérité. Remarquons d'ailleurs que ces commandements sont exprimés au futur et non à l'impératif, ce qui correspond, en effet, au texte hébreu. Ils désignent un but vers lequel nous pouvons marcher et non une contrainte immédiate imposée à ceux qui ne sont pas mûrs pour s'y soumettre par leur propre compréhension. La société était fondée sur ces interdictions mais ces structures offraient une garantie contre la destructuration individuelle par le doute, le conflit, la répression inconsciente et la névrose. Quand les cadres de l'existence s'estompent ou s'effritent, la poussée des instincts et des pulsions, la division intérieure entre les tendances contradictoires, tous les « problèmes personnels » finissent par déferler sur cette société sans consistance. C'est une loi que l'histoire a toujours vérifiée. Mais, surtout, ces structures offraient aussi toujours la soupape de la vraie Libération. Le religieux, le sannyasin, est au-delà des castes et affranchi des lois. Il n'a plus ni état civil, ni identité personnelle.

Si l'on s'intéresse aux spiritualités orientales, aux enseignements traditionnels, à l'ésotérisme, au védanta, au yoga, il faut voir en face cette première vérité : il s'agit de Libération et des moyens qui y conduisent et il ne s'agit de rien d'autre. A moins qu'on ne trouve normal de faire sauter des ponts, dérailler des trains, exploser des bombes, sans but, pour la beauté de la chose en elle-même, sans savoir ni pourquoi, ni ce que l'on veut, ni où l'on va.

Des hommes libres n'ont aucune raison de lutter et de souffrir pour gagner une libération qu'ils ont déjà. Le chemin de la sagesse, le yoga, la religion s'adressent donc à des hommes qui ne pensent pas du tout qu'ils sont libres, qui ont reconnu, au contraire, qu'ils n'étaient pas libres. Une libération ne peut concerner que des hommes répondant à l'une des conditions suivantes : asservis, soumis, dépendants, esclaves, prisonniers. Par conséquent, si l'on n'est pas absolument convaincu de sa servitude, de sa soumission, de sa dépendance, de son esclavage et de sa prison, on n'a rien à faire dans la spiritualité, le yoga ou le zen. Il ne s'agirait que de malentendu, contradiction, inconséquence, amateurisme. Je ne pense pas que des prisonniers de Büchenwald auraient trouvé drôles des gens jouant à s'évader d'un camp de déportation. Je ne trouve pas non plus très utile de jouer à la méditation, au yoga, à l'ascèse, à la connaissance de soi, etc., si l'on ne suffoque pas dans sa prison.

Quand on est prisonnier, de deux choses l'une. Ou bien on se satisfait de sa geôle : les gardiens sont gentils, la nourriture est bonne et la bibliothèque bien fournie, il y a un film le samedi et on peut recevoir une visite tous les jours. Ou bien on a comme but premier de s'évader : la prison est un camp de la mort, la salle d'attente de la destruction finale ; les gardes-chiourme ont les pleins pouvoirs ; ni le cinéma hebdomadaire, ni le plat sucré des dimanches et jours de fête, ni l'homosexualité forcée ne peuvent donner le change. Que fait alors un Directeur avisé ? Il promet aux prisonniers une amélioration de leur sort et il leur confie quelque responsabilité. Ceux qu'il tient en son pouvoir imaginent trouver un sens à leur vie sans avoir besoin de prendre les risques et s'imposer les dangers indispensables à toute évasion, même avec l'aide de libérateurs agissant de l'extérieur. Et ils oublient leur projet.

N'importe qui peut lire Freud, Mélanie Klein ou Françoise Dolto et même tout expliquer par la psychanalyse depuis les événements de mai 68 jusqu'à la constipation de sa belle-mère. Mais pour entreprendre et surtout poursuivre une psychanalyse, avec ce qu'une telle entreprise coûte à tant d'égards, il faut en ressentir l'inévitable nécessité.

N'importe qui peut vibrer aux paroles du Christ, respirer alternativement par les deux narines, se prosterner devant tous les gourous hindous et tibétains connus, rester immobile les jambes croisées, pleurer de bonne foi sur sa corruption, collectionner et lire les textes sacrés, parler avec enthousiasme de ses découvertes. Mais pour s'engager et avancer sur le chemin de la sagesse, même péniblement et lentement, il faut d'abord être certain de sa dépendance, son aliénation, son esclavage, ou encore sa nullité et son inexistence en tant qu'être humain digne de ce nom. Tous les enseignements traditionnels sont unanimes dans la sévérité de leur description des hommes « perdus », « déchus », « morts », « endormis », « stériles », « aveugles », — « prisonniers ».

Pour vouloir et pouvoir se libérer d'un asservissement, il faut être convaincu que l'on se trouve en effet prisonnier. Etre convaincu de son emprisonnement implique une idée de la liberté, comme se savoir malade implique une idée de la santé. Tout homme porte en lui, tout homme a toujours porté en lui, le goût de la liberté, le besoin de la liberté, ou plutôt l'idée, le goût et le besoin de la libération. Mais tous ne considèrent pas de la même façon leur prison, ni leur libération. Aujourd'hui, selon la plupart, la prison est dans les conditions, la libération dans le changement des conditions par la lutte politique ou syndicale, par la révolution, par la technique : « la machine libérera l'homme ». Pour d'autres, dépendre des circonstances extérieures est en soi-même la prison.

La servitude n'est pas au-dehors mais au-dedans de nous. Certes, nous sommes soumis ou esclaves aux pressions, influences, stimulations, en un mot : actions, qui nous impressionnent de l'extérieur et auxquelles nous réagissons. Mais le mur de la prison est en nous, le gardien de la prison est en nous.

Si la notion orientale de Libération ou Délivrance *(mukti, moksha)* était connue depuis longtemps en

Europe par tous ceux qui avaient quelque idée de l'Hindouisme, la plupart des Occidentaux informés n'estimaient nullement qu'elle puisse les concerner eux aussi.

En effet, cette Libération était toujours définie comme : échapper au samsara, se libérer de la chaîne des morts et des naissances, de la transmigration. Comme 99 % des Européens ne « croient pas à la réincarnation », considérée comme une superstition asiatique, la question était close : les Hindous et les Bouddhistes consacrent leurs efforts à se libérer d'une servitude qui n'existe pas.

Il a fallu la découverte des « pouvoirs » *(siddhis)* de certains yogis, la rencontre des Sages les plus convaincants par le seul rayonnement de leur présence, pour que se répande peu à peu, dans l'opinion publique mondiale, l'idée que l'Asie avait conservé une spiritualité vivante de valeur universelle. On s'aperçut qu'il y avait quelque chose de vrai dans le « fatras des doctrines orientales », et quelque chose qui demeurait vrai même sans admettre a priori ladite croyance en la réincarnation.

L'enseignement de la prison et de la libération de la prison se révélait véridique au sein même d'une seule existence et concernait tous les hommes. En même temps, selon ses propres méthodes, l'Europe découvrait le pouvoir de l'inconscient psychologique sur la raison humaine et niait les prétentions de celle-ci à l'autonomie. Il était au moins admis que la conscience de l'homme est soumise à son inconscient et que la plupart de nos actes nous sont imposés par une source en nous, inconnue, refusée, mais combien efficiente. Cela, l'Asie le sait depuis la nuit des temps, puisque les enseignements ont d'abord été transmis oralement avant d'être consignés par écrit.

A dire vrai, les enseignements initiatiques nous démontrent, nous prouvent — par l'étude et la connaissance de nous-mêmes — que nous sommes prisonniers de la comparaison et de l'opposition entre ce que nous aimons et ce que nous n'aimons pas. C'est une affirmation qui se retrouve dans toutes les doctrines traditionnelles sans exception. En termes religieux dualistes — dans les religions monothéistes — cette idée s'exprime comme soumission de la volonté individuelle à la volonté divine : « *Tout* concourt au bien de ceux qui aiment Dieu. » L'opposition entre ce que nous considérons comme bon et ce que nous considérons comme mauvais a disparu. Tout est grâce.

Cette opposition entre ce qui nous plaît et ce qui nous déplait dirige toute la vie des hommes depuis leur naissance. Les principe de plaisir et principe de nécessité des analystes freudiens n'en sont qu'une approche limitée car la psychanalyse n'offre aucune possibilité de se libérer véritablement et de sortir de la prison, au sens que les Orientaux donnent à ces termes. « Tous les hommes aspirent au bonheur » a dit le Bouddha. Tous les hommes aspirent à un état intérieur (ou à un état de conscience) fait de plénitude, certitude, paix, intensité, contentement, satisfaction, sentiment d'être, — à un état de bonheur. Cet état est le but de tous les hommes et chacun le cherche là où il croit le trouver, dans la vertu ou dans le vice. Chacun le cherche en dehors de lui. Si l'homme avait la possibilité ou la liberté de créer cet état à volonté et de s'y maintenir, il est évident que tout le monde serait toujours heureux et plus personne ne serait jamais malheureux. Autrement dit, les hommes cesseraient de s'activer, de s'affairer, de s'agiter, de lutter et surtout de s'opposer les uns aux autres pour chercher cette plénitude ou cette perfection, qui est un état intérieur mais dont ils poursuivent la cause à l'extérieur : succès, amour, argent, aventures, expériences. Etre apparaît comme une conséquence d'avoir. La recherche du bonheur contraint plus tyranniquement les hommes à agir qu'aucun despote ne l'a jamais fait pour ses esclaves.

Agir attire non seulement les conséquences voulues des actions mais aussi toutes les conséquences non voulues, lesquelles vont imposer de nouvelles actions dans le but jamais atteint de trouver ce fameux bonheur. Non. La Paix véritable « dépasse toute compréhension » et le Royaume n'est pas de ce monde même s'il est aussi dans ce monde pour celui qui s'est éveillé. L'homme vit dans l'aveuglement, dans l'absence totale de toute véritable connaissance de soi et sous le couvert de tous les mensonges du mental qui maintient chacun dans le monde illusoire de maya.

La prison consiste d'abord en cette dépendance de l'extérieur pour trouver l'état infini ou illimité auquel tout homme aspire. La voie vers la Libération consiste en une révolution intérieure totale, une conversion. Le Sage est libre du désir. Il porte en lui-même la cause de ses actes. Il a cessé « d'opposer ce que nous aimons à ce que nous n'aimons pas ». Il ne cherche plus. Il a trouvé. Il est en paix.

Celui, au contraire, qui ne peut se sentir être qu'à condition d'avoir est obligatoirement en concurrence, donc en menace de conflit, avec ceux qui veulent aussi avoir ce qu'il désire. Il n'y a plus ni repos, ni paix pour lui. Avoir ne signifie pas seulement avoir de l'argent ou des biens matériels mais tout ce qui se conjugue avec cet auxiliaire : avoir des connaissances, du prestige, des honneurs, des idées originales, un idéal, une idéologie, des expériences, des amis, des admirateurs, tout ce dont nous pouvons dire « mon » ou « mes », tout ce qui peut donner l'illusion de combler le vide intérieur et la nullité de l'être.

Toutes les écoles, toutes les sectes hindoues, bouddhistes, taoïstes, soufies sont unanimes pour affirmer que notre vraie nature est illimitée mais que cette essence profonde est prisonnière de notre apparence limitée, de notre ego ou individualité. (C'est aussi cette idée fondamentale qui inspire toutes les pages des livres que j'ai publiés). En lisant les Ecritures qui font autorité nous trouvons, indéfiniment répétées, des descriptions de cette nature primordiale de l'homme. Nous constatons que ces textes lui reconnaissent les attributs — ou l'absence totale d'attributs — qui servent à décrire, négativement comme positivement, Dieu ou l'Absolu. Cette essence profonde de l'homme est dite éternelle, universelle, dépassant toute saisie par le mental. De siècle en siècle, des sages ont affirmé, par réalisation personnelle, que l'homme peut se libérer de son étroitesse et de ses limitations, peut s'éveiller à sa Vérité qui est la vérité de tout.

Il y a donc deux démarches. D'une part la découverte de ces Enseignements, anciens, durables, jamais démodés, unanimes quant au fonds malgré des formes si diverses. C'est la découverte du Tao, des Upanishads, de la Prajnaparamita et des commentaires tibétains ou zen. C'est la rencontre de maîtres et de sages aujourd'hui vivants. Ces affirmations auxquelles le monde moderne tourne le dos, qu'il ignore, renie ou bafoue, sont-elles vraies ou fausses ? Elles ne nous demandent aucune croyance ou adhésion sans certitude personnelle. Elles se présentent soit comme des démonstrations susceptibles de nous convaincre intellectuellement tout autant qu'un raisonnement mathématique, soit comme des expériences qui nous sont proposées et que nous sommes appelés à faire à notre tour. La foi est la *certitude* des choses invisibles, invisibles aux yeux ordinaires.

La seconde démarche consiste à s'engager. Quand un homme a vu suffisamment de photos et de films sur les ascensions en haute montagne, il décide, un beau jour, de passer ses vacances à Chamonix ou à Saint-Gervais et de se faire inscrire au Club Alpin Français. Comme disent les Sages : c'est une autre paire de manches. Si vous passez effectivement l'été à Chamonix et fréquentez tous les gens vêtus de culottes serrées sous les genoux qui parlent brillamment de Bonatti, Tairraz et Demaison, vous verrez qu'il y a des manières bien différentes de préférer l'alpinisme à la pêche sous-marine. En Haute-Savoie, la proportion entre les vrais montagnards et les amateurs est, selon des avis plus compétents que le mien, de un à mille...

Et voici qu'avec les courses dans le Massif du Mont-Blanc je reviens à une comparaison bien connue. Celui qui se promène dans la vallée est prisonnier d'une limitation de sa vision. Celui qui a conquis un sommet peut embrasser tout le paysage dans son regard. Tant qu'il n'a pas atteint le sommet lui-même, son champ de vision n'est pas total. Mais entre Chamonix — ou plutôt la ville d'où l'alpiniste est parti pour rejoindre Chamonix — et le sommet, un cheminement doit être effectué, un voyage, une course, une ascension.

***

Le Sage est établi en amont de tout ce que nous pouvons concevoir, au-delà de la distinction entre être et non-être, dans le pur « Je suis » non qualifié qui n'a pas de contraire. Mais, pour en arriver là, l'homme doit passer par toute une gradation de niveaux d'être qualifiés : « Je suis quelque chose. » C'est ce « quelque chose » qui se transforme, qui croît, qui s'agrandit jusqu'à devenir illimité, donc à disparaître. Alors, quand l'Absolu, le « Soi » *(atma)* n'est plus limité par une forme ou une enveloppe aussi subtile soit-elle, il se révèle pour ce qu'il est dans l'éternel présent : infini.

Rien n'est absolu que l'Absolu. Ce que les Hindous appellent *mukti* ou *moksha,* les bouddhistes *nirvana,* les soufis *fana* est la réalisation par l'homme de cet Absolu. Si la Réalisation *(self realization)* est la Réalisation — et non un état de conscience exceptionnel qui n'est pas destiné à durer — elle est immédiate, totale, définitive. Elle se manifeste comme une mort et une résurrection, la vision donnée à un aveugle, une « illumination » *(enlightement).* Dans la Bhagavad Gita, Krishna déclare : « Un homme sur mille Me cherche, et sur ces un sur mille, un sur mille seulement Me trouve. » La Réalisation, l'état de « libéré dans cette vie » *(jivan-mukta),* est donc rare, très rare.

Cette Libération est précédée d'un cheminement plus ou moins long et difficile suivant la qualification de chaque candidat. Bouddhistes comme Hindous emploient le mot sanscrit *marg* qui veut concrètement dire la rue, la route, le chemin, la voie. Tant que le But n'est pas atteint, le But n'est pas atteint. Mais peut-on dire qu'on n'est « pas plus avancé » quand on se trouve à un kilomètre de son but que quand on en est à dix mille kilomètres ? Certainement non. Tant qu'un homme vit dans le relatif, le dépendant, le phénoménal, il évolue ou il involue, il s'éloigne ou se rapproche du But de toute existence humaine. *Que ce But soit toujours et partout là,* puisqu'il s'agit de la Réalité unique manifestée par les apparences multiples, *qu'il soit en nous* et que nous l'emmenions donc partout où nous allons, n'en rend pas moins véridique l'image de la Voie, donc du voyage et d'une progression le long du chemin.

Si ce chemin est le bon, tous ceux qui s'y sont engagés et qui avancent, vite ou lentement, progressent. Même s'ils n'atteignent pas le But sublime, ils n'auront pas perdu leur existence. Ils auront évolué sur l'échelle des niveaux d'être et se seront rapprochés du centre de la Manifestation. Toute vie qui n'est pas un cheminement sur la Voie est une vie gâchée, comme celle d'une graine qui meurt sans avoir germé et donné une plante.

Trois fois dans mon existence, en 1959, 1962 et 1964, j'ai « fait » Paris-Inde en automobile. A cette époque les routes modernes représentaient seulement un tiers du chemin. Les deux autres tiers, beaucoup moins fréquentés qu'aujourd'hui, constituaient encore une aventure. Mon but était alors de rejoindre une femme extraordinaire, Ma Anandamayi, à qui j'ai rendu hommage dans « Ashrams » et que des milliers d'Hindous considèrent comme un être divin. J'ai connu la minutieuse préparation du voyage, le départ de Paris un beau matin et la lente avance, à travers huit pays et dix mille kilomètres d'incidents ou d'accidents, de cols et de gués, de brouillard et de chaleur, de moments heureux et de pénibles épreuves. Et puis voici la frontière indienne. Mais je n'ai pas encore vu Ma Anandamayi. Voici Delhi. Mais je n'ai pas encore vu Ma Anandamayi. Voici Brindavan, voici l'ashram. Mais je n'ai toujours pas vu Ma Anandamayi. Et puis voici le bâtiment où elle réside, voici le petit escalier, voici la porte de sa chambre, voici « Ma ». En un instant Ma est entrée dans mon champ de vision. Nos regards se croisent. Le long périple est accompli. Le but est atteint. C'est fini.

Le voyage durait un mois, en roulant un peu tous les jours, à travers la Suisse, l'Italie, la Yougoslavie, la Grèce ou la Bulgarie, la Turquie, l'Iran, l'Afghanistan et le Pakistan, en ne sachant pas où j'allais manger, où j'allais coucher. J'ai souvent pensé à ce que devaient être les grands pèlerinages d'autrefois, lorsque, pleins de ferveur, les pèlerins marchaient pendant des semaines, connaissant tour à tour la joie, la peur, la faim, le doute, se trompant de chemin, revenant sur leurs pas, jusqu'à ce qu'ils aient atteint leur but sacré. Le pèlerinage était une magnifique représentation sensible de la Voie spirituelle. Ma Anandamayi appelle les chercheurs de la Vérité des pèlerins sur la route de l'Immortalité.

Parce que l'Illumination est intemporelle, transcendante, indépendante et subite, bien des candidats à la Sagesse méconnaissent aujourd'hui le long chemin qui y conduit. Certains le méconnaissent même si délibérément que, pour reprendre la comparaison du voyage, au bout de vingt ans d'intérêt centré sur l'Asie, ils n'ont pas encore quitté Paris.

A chaque étape du voyage de l'irréel vers le Réel et de l'erreur vers la Vérité, un homme doit savoir où il se situe. Si je suis à Istanbul, ce n'est pas l'Inde qui importe, même si mon but est l'Inde. Ce qui importe, c'est le ferry-boat pour traverser le Bosphore. Moins je rêverai de l'Inde et plus je me préoccuperai de faire charger ma Land-Rover sur le bateau, mieux cela vaudra. Si je suis à Kaboul, ce n'est pas l'Inde qui importe, même si mon but est l'Inde. Ce qui importe c'est d'obtenir de la police afghane mon *exit visa* pour quitter le pays et me rendre au Pakistan. Moins je rêverai de l'Inde et plus je me préoccuperai de remplir comme il faut la demande d'exit visa, mieux cela vaudra. Mais je sais, je n'oublie jamais, que mon but est cette Inde que je n'ai pas encore atteinte et qui donne leur sens à toutes mes actions, toutes mes démarches, tous mes efforts au long de la longue route.

De la même façon, depuis le maximum d'égoïsme, d'erreur, d'aveuglement, de dépendance, d'inexistence et de nullité jusqu'à la perfection et la liberté absolue du Sage, il y a toute une série d'étapes, de nœuds à délier, de mensonges à dissiper, de tensions à relâcher, de répressions à exprimer. Un enfant se transforme peu à peu avant d'être pleinement adulte. Le processus est une lente croissance : le védanta appelle *brahmavid* celui qui connaît le Brahman et il distingue plusieurs degrés dans cette connaissance, avant le niveau ultime du *brahmavid varishtha*, le connaissant parfait, de la connaissance non-duelle, celui qui est Brahman. Il y a des degrés dans la connaissance de la Réalité car il y a des degrés de liberté du mental (des pensées). Mais il n'y a aucun degré dans la Réalité elle-même.

A ce but, à ce point de départ, à cette route j'ai déjà consacré les deux premiers tomes de ces « Chemins de la Sagesse ». Je veux reprendre une partie de ce que j'ai dit, la préciser, la coordonner, la compléter. Mais il n'est, bien entendu, pas question de tout répéter. *Ce qui va suivre n'est donc pleinement explicite qu'à la suite des deux autres volumes* et je me permets d'y renvoyer le lecteur, ainsi qu'à « Ashrams » et au « Message des Tibétains », en particulier la troisième partie de cet ouvrage.

⁂

Tout ce que j'ai écrit ou que je vais écrire à ce sujet doit être entendu à la lumière de la distinction fondamentale entre vérité absolue ou nouménale *(paramârtha satya)* et vérité relative ou phénoménale *(samvriti satya)*. Tout ce qui est affirmé au nom de la vérité relative peut être nié au nom de la Vérité absolue, mais tant que la conscience d'un homme reste limitée par la vision du monde phénoménal, le mépris de la vérité relative ne peut le conduire nulle part. En vérité absolue, il n'y a ni naissance, ni mort, ni toi, ni moi, ni multiplicité, ni unité ; il n'y a ni servitude, ni libération, ni ignorance, ni connaissance. Toute la Manifestation est irréelle. En vérité relative, il y a vous, il y a moi, il y a erreur, il y a progression ou croissance, il y a sommeil, vigilance et éveil, il y a des maîtres et des enseignements.

La plus haute Vérité se situe au-delà de toute distinction, ou encore englobe et réconcilie toutes les distinctions, y compris la distinction entre vérité absolue et vérité relative que je viens à l'instant de présenter comme fondamentale. On voit avec quelle souplesse et absence de dogmatisme il importe d'appréhender un sujet d'étude *qui dépasse les capacités de la raison humaine*. Et pourtant, même si le pays où je veux me rendre et le voyage que je veux faire sont tout autre chose que la carte de géographie qui les représente, cette carte n'en est pas moins utile pour me montrer le chemin. Sinon aucune Maître n'aurait jamais ni parlé ni écrit.

« Le monde », ou « la vie », tels que nous les connaissons, s'expriment sous forme d'oppositions. Tout se manifeste par paires, par dualités, par contraires *(dvandva)*. L'expérience courante en donne de nombreux exemples : long et court, chaud et froid, grand et petit, vitesse et lenteur, échec et réussite, lumière et obscurité, etc.

Si nous abordons la psychologie ou la connaissance de soi, la fondamentale dualité qui apparaît tout de suite est celle de moi et non-moi, ou encore de sujet et d'objet, impliquant aussitôt l'attraction et la répulsion, le désir et la crainte.

Si nous nous tournons vers l'ontologie, la grande opposition s'avère celle de l'être et du non-être, vers la métaphysique, celle de l'Absolu et du relatif, du nouménal et du phénoménal. Ce monde des polarités est le monde soumis aux trois catégories du temps *(kâla)*, de l'espace *(desha)* et de la causalité *(nimitta)*.

La Vérité, que l'homme est appelé à « réaliser » comme étant sa nature primordiale, absolue, illimitée et éternelle, est inconcevable pour le mental en ce qu'elle échappe à toute opposition. Les maîtres bouddhistes du mahayana, en particulier du Tantrisme tibétain ou du Zen japonais, sont en accord avec le Védanta lorsqu'ils répètent le grand enseignement : « Nirvana est samsara, samsara est nirvana » : l'Absolu est le relatif, le relatif est l'Absolu.

Mais l'homme ordinaire ne connaît que le samsara, que le relatif. « Relatif » dit bien ce qu'il veut dire : il n'y a de positif qu'en relation avec le négatif, de mouvement qu'en relation avec l'immobilité, etc. La Vérité par opposition à l'erreur, l'Un par opposition au multiple ne sont pas absolus. L'Absolu transcende toute dualité.

A travers les siècles les maîtres du Tch'an en Chine et du Zen au Japon n'ont pas cessé de crier à leurs disciples : « Cessez d'opposer. »

C'est de ce jeu des contradictions que les hommes sont prisonniers, prisonniers même de la distinction entre prison et libération, entre relatif et Absolu.

Ayant précisé cela, j'en reviens à notre point de départ sur le Chemin, qui est relatif, donc soumis aux distinctions, et je vais distinguer ce qui est « réel » et ce qui ne l'est pas, puisque la Voie prétend nous conduire « de l'irréel au Réel ».

N'est la Réalité que ce qui est autogène et homogène, qui est ou existe par soi-même, qui n'a été produit ou causé par rien, qui n'est composé par rien, qui n'a ni commencement ni fin. Les Hindous la dénomment *brahman* de la racine brh qui indique l'expansion maximum, et les bouddhistes le « Non-né » ou encore *shunyata,* qui signifie le Vide. De Brahman, la raison humaine ne peut se faire aucune idée. De Lui on ne peut rien dire. Rien de ce que nous connaissons ne s'applique à Lui. Seuls les paradoxes conviennent : Il est tout et il n'est rien.

Il est à la fois immanent et absolument transcendant. Rien n'existe en dehors de Lui et rien ne L'affecte. Il est *nirguna*, sans aucun attribut ou prédicat.

Seule cette Réalité suprême peut être considérée comme *nitya* (éternelle, sans changement). Seule elle possède l'être en soi, seule elle peut être considérée comme le Soi *(atma)*. Tout ce que nous voyons, entendons, touchons, goûtons, sentons et concevons est *anatma*, privé d'atma et *anitya*, privé d'éternité donc éphémère. En français nous devons faire une différence entre les mots exister et être réel, qui, pour la pensée habituelle, sont plus ou moins synonymes. Le monde existe mais il n'est pas réel, au vrai sens de ce mot. C'est ce qu'on cherche parfois à exprimer en disant aussi que « rien n'existe ». (« Ce qui n'existait pas hier et n'existera plus demain n'existe pas non plus aujourd'hui. ») Etymologiquement, ex-ister signifie bien : provenir de. Je signale au passage que le même point de vue se retrouve dans la théologie scholastique chrétienne avec la distinction de l'aséité, être-par-soi, réservée à Dieu, et de l'abaliété, être-par-un-autre, qui caractérise la Création.

Rien, ni être vivant, ni chose, n'existe indépendamment de causes ou de conditions. Tout est composé d'éléments — nous dirions de molécules, d'atomes, d'électrons, de particules — qui sont eux-mêmes produits par des causes et des conditions. En ceci, Bouddhistes et Védantins sont parfaitement d'accord.

Le corps, par exemple, n'est qu'un produit de la transformation des aliments, le mental n'est que le produit de toutes les impressions reçues depuis la conception. C'est l'enseignement du Bouddha, c'est aussi celui de la Chandogya Upanishad. « Tout est comme un tissu, compare Shankaracharya : si on enlève les fils entrecroisés, il n'y a plus de tissu. » Dans l'adhyatma yoga, le disciple se bat contre maya, l'apparence, avec deux épées, l'épée de *nitya-anitya* et l'épée de *atma-anatma.* De tout ce qui l'entoure, il considère si il y a quelque chose d'éternel et quelque chose qui existe par soi-même — quelque chose d'indestructible.

Le monde de la manifestation est appelé *maya.* Ce terme célèbre est le plus souvent traduit par illusion. Quelle illusion ? Celle par laquelle ce qui existe seulement fait semblant d'être réel. *Maya* — ou *jagat,* le monde — existe dans le temps, dans l'espace et par la causalité. Aucun élément n'en est indépendant, ni immortel.

Les hindous comme les bouddhistes appellent aussi ce monde *samsara.* Ce mot signifie glissement continuel par opposition à faire un pas, puis un autre pas, puis un autre pas. Il y a seulement courant, flux. On dit parfois qu'il y a seulement « devenir ». Mais il faut faire alors attention à ne pas entendre que quelque chose est, qui est ensuite quelque chose d'autre. La chenille est, elle devient le papillon, le papillon est. Non : la chenille n'est elle-même que changement, le papillon n'est lui-même que changement.

Mais relativement, apparemment, il y a en effet, naissance, maintien pendant quelque temps, disparition. Un homme naît, existe, meurt. Le premier symbole en a été le soleil qui se lève, subsiste pendant la journée, se couche. Au moment même où il meurt pour nous, il naît pour d'autres hommes. Et ce cycle continue jour après jour. C'est aussi ce qu'exprime le mantram (parole sacrée) AUM : A signifie la naissance ou l'apparition, OU, la préservation temporaire, MA, la disparition ou la mort. Ce sont les trois fonctions de Brahma, Vishnou et Shiva, les trois aspects du Dieu unique, Ishwara.

Qui a vu et dit que le monde était irréel ? L'homme. Si c'est vrai, qui peut le voir, qui peut le dire ? Vous, moi. Le chemin de la Sagesse commence avec un peu de métaphysique et un peu de psychologie. « Je peux douter de tout, dit-on en Inde, sauf de celui qui doute. » Appliquant à eux-mêmes les deux épées impitoyables de nitya-anitya et atma-anatma, les Sages d'autrefois, les rishis ont *vu* qu'après avoir éliminé en l'homme, c'est-à-dire d'abord en eux-mêmes, tout ce qui était anatma, subsistait, irréductible à quoi que ce soit d'autre, supra-individuel, l'*atma*, le Soi. Le Soi et l'Absolu, *atma* et *brahman* ( *brahma* au neutre) sont une seule et même réalité, la Réalité. Cette Réalité s'exprime, au-delà de toute définition et de tout attribut, par le : « Je suis Celui qui suis », ou : « Je suis Cela : Je suis », de Dieu à Moïse. En l'homme, l'atma s'exprime par le pur : « Je suis » — sans aucune qualification ou condition ou limitation.

***

Qu'est-ce donc que l'homme ? Un processus de changement, d'involution ou d'évolution, tendant vers l'état sans changement. Comment s'exprime-t-il ? En disant « Je » ou « moi ». Ce *je* ou ce *moi* peut prendre bien des sens différents suivant le niveau d'évolution d'un homme. Pour traduire les mêmes vérités traditionnelles, des auteurs se sont exprimés en français de façons différentes et apparemment contradictoires. On a nié le *je*, affirmé le *je*, distingué le *Je* et le *Soi*, le *je* et le *moi*, distingué le *Je* avec un J majuscule et le *je* avec j minuscule, le grand *Moi* et le petit *moi*. Beaucoup de textes n'ont pas été traduits directement à partir du sanskrit mais de l'anglais, du mot *Self* (soi) et des pronoms *myself*, *himself*. Je n'ai pas rencontré de maître hindou, soufi, tibétain ou japonais s'exprimant couramment en français. Par contre j'ai connu plusieurs Sages hindous utilisant l'anglais pour donner leur enseignement.

Je m'en tiendrai à l'emploi des mots suivant. Le Soi (et non le Moi), l'atma [1], l'Absolu, brahman, « Je »

1. En principe on ne met pas de majuscule aux mots sanscrits.

avec un J majuscule, « Je suis » par opposition à « Je suis quelque chose » ou « Je suis quelqu'un » (en sanscrit *aham* par opposition à *ahamkar*) sont pratiquement synonymes. En ce qui concerne l'Univers : le monde phénoménal, la manifestation, samsara, maya, désignent le même monde de la multiplicité et du changement. En ce qui concerne l'homme relatif, en cours d'évolution, cette question de vocabulaire est un peu plus délicate *puisque chaque mot aura un sens relatif*. Je parle d'ailleurs, dans ces livres, de deux sortes d'hommes, ceux qui se sont engagés sur la voie du progrès personnel et de la transformation, *donc qui ont un But autre que ce qu'ils aiment et ce qu'ils n'aiment pas*, et ceux qui ne sont pas engagés sur cette Voie et sont motivés par les buts ordinaires de l'existence. Tous les hommes, en fait, tendent vers le même But de plénitude et de perfection. Mais bien peu y tendent consciemment. Pour l'homme relatif, ce but est le « Je » absolu, auquel seule la *sadhana* (ascèse, discipline spirituelle) peut conduire. C'est une Réalité, un achèvement, qui n'est entrevu par aucune technique de psychothérapie, pas même l'individuation de Jung malgré l'emploi du mot « le Soi » par celui-ci. En ce « Je » tout sens de la séparation a disparu. Au contraire, l'ego ou *ahamkar* désigne le sujet conscient d'être séparé du reste de la Manifestation. Cet ego a pour organe principal le mental *(manas)*. Cet *ahamkar*, c'est aussi le moi (m minuscule) ou encore l'individu ou l'individualité avec l'implication de ce qui est communément appelé égoïsme. Mais, s'il n'y a pas de degré dans l'Unité, il y a toutes sortes de degrés dans l'ego et le sens de la séparation. Entre le moi et le « Je » absolu le chemin passe par le « je » relatif ou la « personne » *(purusha)*. J'ai parlé dans le chapitre « Oser dire Oui » (Tome I) de l'emploi du terme « je » et de ses dangers. Ce « je » relatif implique l'identification avec le nom et le corps : je suis quelqu'un, je suis Untel. Et aussi : je suis un pianiste, je suis un médecin. J'ai l'être d'un pianiste, j'ai l'être d'un médecin. Il y a deux : d'une part, le « Je » non qualifié et d'autre part l'être relatif, causé, conditionné, mortel. Le « je » avec un j minuscule est aussi un aspect de l'ahamkar. Mais c'est l'ahamkar qui peut croître et progresser et faire passer l'intérêt des autres avant le sien. (Naturellement, utilisé en début de phrase ce « je » relatif sera écrit avec un J majuscule. C'est au lecteur de ne pas confondre). Je distinguerai donc « moi » et « je », ce « je » étant le représentant de « Je » dans le monde relatif, désigné comme le *doer* dans le tome II. Pour ne plus « être quelqu'un », il faut d'abord être quelqu'un, et pas seulement la marionnette de ses désirs et de ses refus. La croissance ou évolution du « je » relatif s'accomplit depuis la complète dépendance du moi, emporté par ses préférences et ses aversions, jusqu'à la non-dépendance du Sage que rien ne peut affecter ni « impressionner ». Tout est neutre pour le sage car il est neutre à tout. La personne est une individualité en expansion à travers une série de degrés dans la dépendance de soi-même. Aussi longtemps qu'un homme est impressionné par le monde extérieur, son être physico-mental est le produit des nourritures qu'il a absorbées et de toutes les expériences qu'il a faites : c'est donc un être relatif, un soi relatif, et cette relativité ne doit jamais être perdue de vue.

***

La Réalisation de l'Absolu est le but de toute la Manifestation. A chaque instant, partout, chaque phénomène est plus ou moins éloigné de ce But. Mais, consciemment ou inconsciemment, tout se dirige vers ce But, même ce qui paraît s'en éloigner. La progression vers le But (évolution) se fait par à-coups, avec des retours en arrière (involution). Parfois il faut « reculer pour mieux sauter ». Dans les champs de l'Inde, quand une charrette à bœuf est coincée et ne peut plus avancer, les paysans lui font faire marche arrière pour pouvoir reprendre leur marche en avant et j'en ai souvent fait autant avec ma Land Rover.

Tous les éléments de la Manifestation se situent donc à des niveaux différents selon qu'ils sont plus ou moins éloignés du But.

Je le redis, ce But est là, de toute éternité. Il paraît seulement plus ou moins lointain selon que la

Réalité est plus ou moins voilée. J'ai pris, dans le premier tome de ces « Chemins de la Sagesse », l'exemple d'un poing fermé qui se déploie peu à peu jusqu'à ce que la main soit pleinement ouverte, une ouverture au-delà de laquelle il n'y a plus moyen d'aller. Chaque position de la main plus ou moins repliée sur elle-même peut être considérée comme un niveau d'évolution. Mais, dans le poing fermé, la main détendue est déjà là tout entière. L'Absolu n'est pas « au-delà » du relatif. L'Absolu est aussi le relatif. Celui qui ne voit que la main repliée ne voit que la moitié de la réalité.

Ainsi le critère pour apprécier quoi que ce soit, un être humain à un moment donné, une action, une œuvre d'art, etc., est un critère de niveau, c'est-à-dire de proximité ou d'éloignement de la Réalité. Il ne faut jamais oublier, il ne faut jamais cesser de voir que rien n'est immuable et immobile. A longue échéance tout évolue. A échelle plus réduite tout involue ou évolue. Dans chaque poing fermé ou à demi fermé le sage voit la main complètement détendue et voit un poing qui est en train de se serrer ou de se desserrer plus ou moins, en tenant compte qu'il faut parfois que le poing se referme un petit peu pour pouvoir mieux se déployer ensuite.

Ce critère de niveau, d'éloignement du But, s'applique à toutes les catégories de phénomènes, individuels ou collectifs. Il peut concerner une classe sociale, ou une société entière, une « culture », une

« civilisation », autant qu'un événement momentané.

Pris en lui-même, où est situé ce phénomène, à quelle distance du But ?

Dans son mouvement, ce phénomène se rapproche-t-il ou s'éloigne-t-il du But ?

Ce phénomène contribue-t-il à éloigner ou à rapprocher du But ceux qui en sont les témoins et qui en reçoivent une « impression » ?

Ceci s'applique à tout ce que je perçois ou examine. Tout est situé quelque part par rapport à la Vérité ou à la Perfection. A quel niveau se situe l'Empire romain, à quel niveau se situe l'Empire du souverain bouddhiste indien Ashoka ? A quel niveau se situe l'Evangile selon saint Jean, à quel niveau se situe « Madame Bovary » Mais, surtout, à quel niveau est-ce que je me situe, moi, à l'instant même ? A la sortie de Paris, à la frontière suisse, à Istanbul, à Kaboul, en Inde, ou à la porte de Ma Anandamayi ? Quand il s'agit de sadhana et de vie spirituelle, ou simplement de connaissance de soi, que d'illusions chacun (et chacune) ne se fait-il pas à son propre égard. En la matière, l'aveuglement et le rêve sont incommensurables.

On peut comparer la Manifestation universelle à une série de cercles concentriques.

Le Centre, le point mathématique infinitésimal, représente le But, l'Absolu, l'Illimité, la Non-Dualité et la Non-Séparation, l'Indépendance, le « Je », la conciliation de tous les contraires.

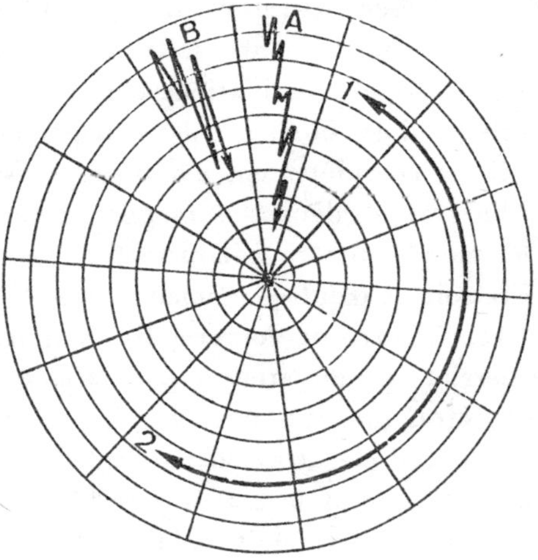


Le cercle le plus extérieur représente, au plan humain, l'hypertrophie maximum du moi, du narcissisme et du sens de la séparation, l'incompréhension totale, la dépendance, la soumission en esclave aux émotions et aux « j'aime » - « je n'aime pas ». Entre ces deux extrêmes s'étendent tous les degrés de l'évolution.

Les différentes fractions représentent les secteurs d'activité à l'intérieur desquels des phénomènes peuvent prendre place. Le sage est situé au point central.

La flèche brisée A représente l'évolution d'un homme, faite de mouvements en avant et de retours en arrière. Les grandes oscillations B représentent les états intérieurs d'un homme encore dépendant. Par moments il est complètement emporté par ses émotions, exclusivement dans son monde et totalement aveugle au monde, tout à fait incapable de « voir » quoi que ce soit. A d'autres moments, il voit sa situation relative, s'efforce de comprendre, d'appréhender l'essence derrière les apparences. « Je » se manifeste.

Certains êtres humains qui s'engagent sur la voie partent d'un cercle très extérieur. Entre leur conscience ordinaire et le Soi, il y a d'innombrables couches de désirs non satisfaits, de peurs inconscientes, de *vasana* (propensions). D'autres partent d'un point très proche du point central. Mais cette différence n'est certainement pas apparente pour des yeux ordinaires. Il arrive que la décision de trouver la Vérité soit si forte chez un homme que celui-ci franchisse plusieurs cercles à la fois et réalise brusquement sa Nature Primordiale. C'est comme un homme ayant si chaud qu'il enlève tous ses vêtements d'un seul coup. Mais il faut que le sentiment : « Je ne peux plus tolérer mon esclavage » soit réel et qu'il n'y ait pas dans le mental trop d'écrans intérieurs qui voilent le Soi. Sri Ramana Maharshi disait que tous les hommes peuvent atteindre la Libération, de même que toutes les matières combustibles peuvent prendre feu ; mais si nous jetons une allumette sur un tas de charbon celle-ci s'éteint tandis qu'un tas de poudre à cartouches s'enflamme en un instant. Tous les hommes ont la *possibilité* de devenir des sages mais la *probabilité* dépend de différentes sortes de conditions (hérédité, être, impressions reçues...) et de circonstances.

Il arrive souvent qu'un désir puissant de perfection ne soit pas une expérience ressentie jusqu'au fond du cœur mais une intense réaction émotionnelle. L'homme peut alors éprouver des états en apparence semblables aux plans de conscience des cercles les plus proches du Centre mais ce n'est qu'un leurre. Ces états ne durent pas, aussi extraordinaires qu'ils aient pu paraître. Le seul critère de valeur d'un état non-durable est ce qui subsiste après qu'il ait disparu. Bien des expériences intérieures peuvent être complètement balayées. Au sortir de quelques autres, l'homme est changé à tout jamais. Si certaines grandes découvertes intérieures conduisent momentanément à un des niveaux les plus proches du centre, d'autres moments exceptionnels se situent au même niveau ordinaire mais dans le secteur opposé. C'est seulement la réaction totale, comme le mouvement extrême du balancier d'un pendule. Un homme ressent intensément, avec horreur et désespoir : « Je suis un monstre d'égoïsme. » Même s'il s'agit d'une émotion et non d'un sentiment durable, il peut brusquement être projeté dans un état apparemment transcendant de non-égoïsme absolu. Mais cet état merveilleux, parce qu'il a été produit, causé, conditionné, disparaîtra aussi vite qu'il est apparu (1 et 2). Il n'en demeurera qu'un souvenir.

En sanscrit *vairagya* signifie la disparition des désirs et des intérêts. Le mot est généralement traduit par renoncement total ou détachement : ne plus être attiré par quoi que ce soit dans le monde. Mais une très expressive formule parle de *shmashana vairagya* : le détachement dans les lieux de crémation, ce qui correspondrait pour nous aux chambres mortuaires, aux chapelles ardentes ou aux cimetières. La proximité de la mort provoque un état émotionnel particulier : on voit l'existence, on se voit soi-même dans une lumière exceptionnelle. On se croit changé, différent. Il semble que l'échelle des valeurs n'est plus la même, que les ambitions et les désirs habituels ont fait place à d'autres. On est certain que l'avenir ne pourra plus ressembler au passé.

Il est dit que ce renoncement-là dure exactement le temps que met le bûcher funéraire à se consumer. Tant pis pour les grandes décisions qui ont été prises pendant cette vague émotionnelle. La renonciation de *vairagya* n'est pas un sacrifice, l'abandon de valeurs auxquelles on tient encore avec l'espoir d'en trouver, en échange, de plus précieuses. Il ne s'agit pas d'échanger les « biens de ce monde » ou les plaisirs de la terre pour les joies du ciel. *Vairagya* n'est pas un moyen d'obtenir quelque chose d'autre. C'est un état en soi, l'inintérêt pour ce qui ne nous attire plus parce que nous en avons *vu* l'impermanence *(anitya)* et l'irréalité *(anatma)*. Quant au *sannyasa*, traduit le plus souvent par abandon du monde, c'est non seulement le détachement du monde, mais encore le détachement de soi-même, de son individualité, de son nom, de sa fausse identité.

*Vairagya* peut donc se traduire par désintérêt ou inintérêt. Le Sage n'a plus d'intérêt pour rien. Voilà une formule qui doit aisément paraître choquante. En effet, aux deux extrémités de l'échelle humaine, l'idiot et le sage ne sont intéressés par rien, l'idiot parce qu'il est insensible, le sage parce qu'il est comblé et accompli.

L'homme est attiré par ce qu'il ne connaît pas. *Le Sage connaît tout parce qu'il connaît l'essence de tout.* Le mot « intéressé » semble avoir une résonance affective tout à fait favorable : « C'est bien d'être intéressé, c'est comme ça qu'on apprend. » Et pourtant, en français, ce même terme prend aussi un sens péjoratif : d'un homme près de ses sous, d'un homme qui pense d'abord à lui, on dit qu'il est « intéressé » ; d'un homme qui fait passer ses « intérêts » au second plan on dit qu'il est « désintéressé ». Si l'on examine bien ce qu'il en est, on voit que tout intérêt est une fonction de l'ego, un effet de ses limites et de ses exigences.

La Libération, le satori, l'éveil définitif ne peuvent

faire irruption que dans la conscience d'un être mûr et prêt pour la grande révélation. Pour radicale qu'elle soit, celle-ci se prépare. Il ne faut pas la confondre avec les samadhis momentanés et les états de conscience supérieurs obtenus par des techniques de yoga, encore moins avec les expériences et découvertes dues au L.S.D. et autres substances chimiques. La Libération vient au moment où s'épuise le dernier *vasana* dans l'inconscient, où se dénoue le dernier lien, où meurt le dernier intérêt, lorsqu'un homme est arrivé à la dernière extrémité de lui-même, au bout de ses possibilités. C'est une nouvelle naissance, une résurrection, l'accès à l'immortalité *(amrit)* que doit précéder une mort complète à soi-même, à son ego. Chez le Sage, il n'y a plus trace d'*ahamkar* ni d'inconscient.

Cette érosion de l'ego et de l'inconscient apparaît comme un cheminement. J'ai appelé ces livres « Les Chemins de la Sagesse » au pluriel. Certains penseront que les chemins sont les différents yogas : dévotion, action, connaissance, maîtrise des énergies subtiles, bhakti, karma, gnana, raja yoga et d'autres encore. A dire vrai cette distinction classique est assez arbitraire et tardive. Les Upanishads proposent un chemin total, en lequel tout est inclus, et il en est de même pour l'adhyatma yoga dont le point de départ est notre incapacité à aimer et dont le ferment est l'amour inconditionnel de la Vérité. J'ai écrit le mot « chemins » au pluriel, même si je ne décris apparemment qu'une voie parmi les autres, car il y a autant de chemins que d'êtres humains. C'est à chacun, personnellement, de se situer à chaque instant sur son propre chemin. « L'autre rive » — expression communément employée dans le Bouddhisme — ne peut être atteinte par le nageur que si celui-ci, brasse après brasse, prend appui sur l'eau, repousse l'eau là où il se trouve, afin d'avancer.

## 2

# VOIR ET ENTENDRE

Tout le monde sait que nos cinq sens et le mental (considéré en Orient comme le sixième sens) ne nous donnent qu'une conception particulière et limitée de la Réalité. Sur ce point l'Occident est d'accord avec l'Orient. Kant a dit que le temps et l'espace étaient des catégories de notre pensée. La science contemporaine, la physique et la chimie, ont découvert que matière et énergie n'étaient pas ce qu'en montre l'expérience courante. Plus simplement encore, nous ne voyons avec nos yeux de chair ni l'infrarouge ni l'ultraviolet, nous n'entendons pas les ultrasons. Les ondes des programmes de radiodiffusion et télévision nous entourent mais nos sens ne nous permettent pas de les capter, etc.

Les doctrines ésotériques anciennes ont enseigné elles aussi les limites de nos perceptions et de notre conscience ordinaire. Je veux citer ici ce que j'écrivais, il y a onze ans, dans le premier chapitre d'« *Ashrams* » : « L'Hindouisme, particulièrement le Vedanta, peut, malgré ses subdivisions innombrables, être ramené à quatre propositions fondamentales simples, valables pour n'importe quel être humain sur la planète et avec lesquelles seraient, je crois, d'accord la presque totalité de ceux qui se disent hindous.

« La première de ces propositions affirme : la Réalité essentielle, fondamentale, de l'Univers et notamment de l'être humain est absolument différente de l'apparence sensible, de ce que nous en connaissons et de ce que nous tenons pour vrai.

... « La troisième : c'est notre attachement à l'apparence que nous prenons pour garantie, que nous ne mettons pas en question, qui nous empêche de percevoir cette Réalité, de la " réaliser ".

« L'apparence, ou l'irréel ou maya, c'est le niveau du naturel, du physique. La Réalité qui existe derrière la manifestation universelle et au plus profond de nous-même, c'est le " surnaturel ", la " métaphysique " [...] Surnaturel est le terme utilisé dans le christianisme. Mais, dans l'Hindouisme, la Réalité essentielle est, au contraire, le naturel *(sahaja)* tandis que les phénomènes sont considérés comme surajoutés, surimposés à cette Réalité. »

Entre le monde sensible, ou physique, ou grossier, et l'Absolu non manifesté existe une série de niveaux de l'énergie et de la matérialité, *de plus en plus subtils ou raffinés,* auxquels les cinq sens ne nous donnent pas accès. Ces niveaux s'interpénètrent, un peu comme une éponge contient de l'eau, l'eau contient de l'oxygène et de l'hydrogène, les molécules contiennent des atomes, les atomes contiennent..., etc. Ces niveaux existent en l'homme mais l'homme n'en est ordinairement pas conscient. L'inconscient ou le non-conscient connu de la science ésotérique est donc infiniment plus vaste que celui qui a été « découvert » par Freud et même par Jung. La perception de ces plans de l'Inconscient, ou du Paraconscient, ou du Supraconscient, est le fruit de la transformation de l'être par la sadhana, par le yoga, par la méditation. Encore faut-il préciser que la perception croissante de ces plans plus profonds de la manifestation ne conduit pas forcément à la Libération.

Avant d'accéder à une réalisation des niveaux plus vastes de la réalité totale, il faut d'abord atteindre la perfection de la vision ordinaire. Par rapport à la vision réelle *(vidya, paragnana)* la vision du mental est toujours mensongère puisqu'elle limite l'illimité, soumet l'éternel au temps, morcelle l'unique. Mais, même au plan le plus extérieur de la manifestation, le mental est loin de fonctionner de façon harmonieuse. Ici, mais ici seulement, c'est-à-dire seulement à ce niveau le plus limité, le plus grossier et le plus extérieur, la psychologie moderne dite « des profondeurs » retrouve certaines des connaissances de l'ancienne sagesse.

La Voie est une trans-formation, une métamorphose. Selon l'image sensible si connue, mais si explicite, la chenille meurt pour devenir papillon.

Les ailes ne poussent pas sur le dos des chenilles. La psychologie contemporaine — ainsi que toutes les autres sciences humaines — ne connaît que l'homme-chenille et refuse de tenir compte de l'homme-papillon.

Ce dont parle la science initiatique, ce dont parlent les « Chemins de la Sagesse », c'est de la mort de la chenille et de la naissance du papillon. Mais une chenille anormale, malade, débile, difforme, ne se transforme pas en papillon. La voie commence donc avec la normalisation et la guérison de la chenille en tant que chenille, et certaines vérités primaires s'expriment en termes de psychologie. Encore faut-il avoir des idées claires : l'adhyatma yoga est une discipline pour croître au-delà de son niveau normal et non une thérapeutique pour se débarrasser d'une névrose ou une compensation aux frustrations. Le maître spirituel incarne des connaissances, transmet un enseignement et guide sur le chemin d'une évolution dont la plupart des psychothérapeutes ignorent tout.

***

Dans la pratique « l'ego » *(ahamkar)*, sens de l'individualité séparée (ou du moi et du non-moi) et le « mental » *(manas)* sont une même réalité — ou plutôt une même apparence. L'être humain normal est constitué par un « Je » recouvert par le mental.

Ce terme « mental » comprend non seulement les pensées mais les émotions et les sensations, non seulement le conscient mais l'inconscient, autrement dit tout ce qui est relatif et soumis aux paires d'opposés. « Je » est stable, le mental est sans cesse changeant. « Je » est la réalité, le mental est l'apparence. Et surtout, c'est le mental qui aime et qui n'aime pas, qui a des désirs et des répulsions, ce n'est pas « Je ». « Je » est neutre. On peut être un saint et conserver un mental, donc la conscience de la dualité. Le sage est affranchi du mental. Nous avons l'habitude de distinguer le mental et le corps beaucoup plus que ne le font les Orientaux qui les considèrent comme une unité, *body-mind complex*.

« Je », absolu, réel, illimité, s'identifie avec le corps-mental, en particulier avec le nom : dans l'enfance « Je » s'identifie avec Paul, avec John, avec Pedro, puis, plus tard, avec Paul Dupont, John Smith, Pedro Alvarez. « Je suis » s'identifie (ou, plus rigoureusement, paraît s'identifier) à un nom et à une forme : le corps. Si « Je suis », je suis ce que je suis. Si « Je suis identifié », je suis identifié avec ce que je ne suis pas. En vérité je ne suis ni le nom ni la forme. Dans l'identification demeure une dualité : Je et l'objet de l'identification. Deux peuvent toujours être séparés. Deux ne peuvent pas ne pas être tôt ou tard séparés. Aucune identification n'est définitive.

Il est dit et redit dans toutes sortes de livres sur l'Hindouisme ou sur la méditation qu'on « devient ce sur quoi on fixe ses pensées ». C'est vrai, que l'on fixe ses pensées volontairement ou involontairement. Mais si l'on « devient », deux subsistent. Il y a seulement identification. En vérité je ne peux devenir, au sens de n'être qu'un, que ce que je suis déjà. Ce qui a un commencement et une cause ne peut pas être durable. Ce qui vient s'en va. La Vérité est. Si la Vérité devait venir, elle devrait aussi partir. La Vérité *est*, mais elle est cachée, recouverte. Je suis *atman*, Je suis *brahman*, recouvert, enveloppé par les corps psychiques et le corps physique. Je peux découvrir *brahman* que je n'ai jamais cessé d'être mais non devenir *brahman*. Mais comment pourrais-je fixer mes pensées sur *brahman*, méditer sur *brahman*, puisque je ne Le connais pas ? Je peux seulement me concentrer sur l'idée que je m'en fais et tout reste à l'intérieur du mental.

L'identification par fixation des pensées fait croire à l'unité mais cette fausse unité sera forcément rompue par des conditions ou des circonstances nouvelles. Dans les débuts de la passion amoureuse, de l'amour-fascination, chaque partenaire croit sincèrement ne faire qu'un avec l'autre. Mais la vérité est qu'il ne ressent pas : « Je suis l'autre. » Il ressent : « L'autre est moi. » Cette identification, qui est un jeu du mental, est détruite dès que l'autre montre qu'il est, en effet, un autre en se conduisant différemment de ce qu'attend le partenaire. Beaucoup d'Hindous sont troublés par le fait qu'après avoir proclamé : « Le Père et moi sommes un », le Christ ait pu dire, avec le psaume : « Mon Dieu, mon Dieu, pourquoi m'as-Tu abandonné ? » comme s'Il avait été seulement identifié avec le Père et non un avec Lui et que cette identification ait été brisée par les souffrances de la Passion.

Ainsi le « Je », c'est-à-dire concrètement le petit enfant, à force de fixer inconsciemment sa pensée sur son nom et son corps, « devient » ce nom et cette forme. Toutes les premières expériences de l'enfant, ce qu'il fait de « bien » et ce qu'il fait de « mal », se passent sur le plan physique. Le petit enfant n'a pas encore d'idées. Peu à peu il s'identifie avec ce corps *(body consciousness)*. L'enfant parle d'abord de lui à la troisième personne, se désigne par son prénom, puis, peu à peu, il s'identifie avec ce prénom. La forme et le nom sont les deux piliers de l'ego ou du mental. Le chercheur de vérité doit faire le chemin inverse, retrouver la conscience qui n'est pas limitée par le corps, identifiée au corps, et, pour commencer, une conscience moins identifiée au corps, moins identifiée au nom, une conscience plus vaste, plus inclusive (compréhensive) et non exclusive.

*
**

« Je » est vérité, le mental est mensonge. Le véritable Créateur, c'est le mental. Le mental crée sans cesse autre chose que ce qui est. Mais, s'il n'y a pas de degrés ou de niveaux dans le « Je », qui est absolu, il en existe à l'infini dans le mental qui est relatif. On peut les distinguer selon leur degré d'irréalité.

Le Sage, le « Libéré-Vivant », est affranchi du mental. Il est un *tattwa darsee* : quelqu'un qui voit ce qui est. *Tat* signifie cela. *Tattwa* est traduit en anglais par *thatness*, le fait d'être cela. *Tattwa gnana* est la connaissance de la Vérité, la connaissance suprême. Le sage vit dans la conscience supra-normale de l'Unité. Tout ce qu'on dit du Brahman, de l'Absolu, on peut le dire de lui : « Je suis sans un second », « Je suis et rien d'autre. » Non pas : « Je suis et tout est moi », ce qui est la vaine et caricaturale prétention de l'ego, mais : « Je suis et je suis chaque chose. » Non pas : « Vous êtes moi », mais : « Je suis vous. » S'il y a « autre chose », quoi que ce soit, je suis aussi cela.

Dès que le mental apparaît, la dualité apparaît ou dès que la dualité apparaît, le mental apparaît. Dès que la dualité apparaît, le conflit apparaît. Si un autre que moi n'a avec moi aucun champ d'action commun, si nos intérêts n'interfèrent jamais, c'est comme s'il n'existait pas pour moi et on ne peut plus parler de dualité. Mais s'il y a effectivement deux, un mouvement s'élève tout de suite en moi pour annihiler cette dualité, pour que l'autre devienne « un autre moi-même » *(alter ego)* dont je n'aie rien à craindre et tout à attendre. Le schéma du mécanisme général est très simple. On s'identifie à ce que l'on aime chez l'autre, on s'attribue ce qui apparaît positif en lui. On refuse et condamne violemment les traits que l'on ne veut pas reconnaître en soi-même et que l'on reconnaît en l'autre. Enfin, on projette sur lui tout ce que l'on ressent en soi comme négatif et on l'accuse de ce dont, au plus profond de son cœur, on est bien obligé de s'accuser soi-même. Ces trois points donnent l'indéfinie variété des relations humaines non conscientes. « Tu ne convoiteras pas », « tu ne tueras pas » s'appliquent au champ psychologique tout autant qu'aux actions concrètes. « Tu aimeras ton prochain comme toi-même. » Oui, à tous les niveaux de la réalité, notre prochain, c'est nous-même.

Ce triple mécanisme joue au niveau des sociétés autant qu'au niveau des individus. Une collectivité, l'Europe moderne, celle qui naquit au XVIII^e^ siècle avec la révolution industrielle, a jugé aveuglément les cultures asiatiques ou africaines. Ainsi, c'est cette société dite scientifique qui a, plus que toute autre — et même contrairement à toute autre — donné à l'homme une position supérieure et à la femme une position inférieure. Elle a été justement qualifiée de virilo-centrique. A partir de là, elle a vu l'oppression et le mépris de la femme là-même où la femme était non seulement respectée mais vénérée. Cette société a développé et hypertrophié, de façon proprement monstrueuse, l'égoïsme et l'indifférence aux vraies demandes des autres. A partir de là, elle s'est crue investie d'une mission salvatrice pour le reste de l'humanité. Elle a refusé de voir l'hospitalité, la générosité, le sens du service de l'autre comme un devoir sacré, qui ont subsisté jusqu'à aujourd'hui en Orient et en Afrique. Etc. De toute façon, une société fondée sur l'avoir ne peut pas comprendre une société fondée sur l'être.

*
**

Il n'y a pas de différence radicale entre le malade mental — le fou — et l'homme normal. Il n'y a pas une conscience pathologique ou morbide radicalement différente de la conscience saine. Ce que nous appelons conscience est toujours non-conscience car le mental est toujours mensonge et sommeil. La différence radicale se situe entre la pseudo-conscience de l'homme soumis à la séparation ou dualité et la conscience non-duelle du *jivan mukta*.

Toute l'existence est donc relation entre le moi et le non-moi, relation qui définit le monde « relatif » ou phénoménal. Le jeu du mental nous aveugle à la Réalité nouménale. Mais en outre, parfois, souvent, de plus en plus souvent, on voit jouer un mental anormal à l'intérieur du mental normal, une maya à l'intérieur de la maya.

Le mental, normal ou anormal, crée toujours quelque chose d'autre que ce qui est. Mais — puisque nous sommes dans le relatif — il crée plus ou moins autre chose ou quelque chose de plus ou moins autre. On peut distinguer quatre degrés.

A l'extrême limite de l'aliénation, de l'anormal, c'est la folie, la psychose. Pendant que j'écris, en ce moment, je suis installé à une petite table devant la hutte que j'occupe au fond du jardin de l'ashram. Imaginons que quelqu'un de ma connaissance entre et vient vers moi. Le fait est là, neutre : un homme que je reconnais s'approche. Si je « sais » qu'il est un envoyé de mes ennemis, venu pour m'assassiner sur l'ordre exprès du Pape ou du Président des Etats-Unis, si je « sais » que la main qu'il a dans la poche tient un revolver, je suis en plein délire. Aucune conversation, aucune discussion n'est possible avec moi. Le monde dans lequel je vis n'a à peu près plus rien à voir avec le monde phénoménal normal. Tout est dans le mental. Nous pouvons appeler ce plan « complètement anormal ».

Viennent ensuite tous les degrés d'« anormal » correspondant à peu près aux névroses. Par exemple, sans m'en rendre compte, je projette sur le visiteur qui s'approche de moi une image infantile inconsciente, et l'émotion latente qui y correspond. Si j'ai un mental anormal, centré sur un « nœud » inconscient, ma situation infantile en face de ma mère ou de mon père est excitée à mon insu. Je vois « un autre (frère, sœur, père...) qui peut me frustrer de l'objet de mon amour ». A mon insu, la venue de cet être humain, dont je ne connais pas les intentions n'est plus neutre. Voilà le mental anormal mis en branle, avec peut-être des répercussions somatiques, et entraînant toutes sortes de réactions qui constituent un comportement faux. Ce genre de nœuds *(granthi)* dans l'inconscient est infiniment plus fréquent que les non-avertis ne sont prêts à l'accepter. Avec un mental « simplement anormal » nous sommes moins loin dans l'irréalité qu'avec un mental « complètement anormal » et il semble qu'une conversation véritable demeure possible. C'est d'ailleurs un critère de distinction des névroses et des psychoses. Mais, en vérité, on ne peut pas parler utilement à un mental anormal pour peu que ses émotions latentes, ses propensions, soient mises en jeu. Les mécanismes inconscients constituent un écran beaucoup trop épais. Un mental normal peut être convaincu intellectuellement de la vérité. Quand cette conviction est totale, elle passe dans le sentiment (le sentiment lui donne son adhésion) et alors le comportement se met tout naturellement en conformité avec la vérité qui a été assimilée. Mais si le sentiment n'est pas disponible parce qu'une émotion, permanente à l'état non-manifesté, l'encombre, si son chemin est obstrué, la compréhension restera superficielle. Elle sera sans cesse battue en brèche par toutes sortes d'idées produites par le mental et enracinées dans la distorsion émotionnelle. Bien entendu l'action ne pourra pas s'y conformer. Aucune croissance, aucun épanouissement intérieurs ne sont possibles dans ces conditions.

Quant aux troisième et quatrième degrés, ce sont deux niveaux de fonctionnement du mental « normal ».

Avec un mental normal — ou redevenu normal — s'il y a toujours dualisme donc émotions, il n'y a plus d'émotions inexplicables, d'émotions complètement disproportionnées par rapport à leur prétendue cause, d'émotions qui ne reposent sur rien et que rien ne justifie. A un mental normal on peut plus ou moins parler. Il n'en demeure pas moins que tant qu'il y a un mental — fût-il normal — il y a création et surimposition d'autre chose que ce qui est, même si, complètement dupes de ce mécanisme, nous ne le percevons pas le moins du monde. Ceci explique l'incompréhension souvent tragique, qui, depuis la Tour de Babel, divise les hommes entre eux, les sexes entre eux, les générations entre elles, et produit tant de souffrance partout. L'incompréhension, au plan intellectuel, crée l'émotion. Il y a deux en moi : celui qui voit ce qui est et celui qui voit autre chose que ce qui est. Il y a donc deux en face de moi : ce qui est et ce que je surimpose. Dans le jardin, il y a *le* monsieur qui vient et il y a *mon* monsieur qui vient. Ces mécanismes inconscients fondés sur les *vasana*, les « prédispositions ou propensions latentes dues aux impressions passées », jouent plus ou moins gravement mais ils jouent toujours. La seule Réalité (non-produite, immuable, intangible, indépendante) que j'aie jamais en face de moi est le Soi, l'*atma.* Si je vois — et c'est la vision normale de l'homme ordinaire — une entité, une individualité, un objet, je vois autre chose que ce qui est. Autrement dit : je ne vois pas, je pense.

Le mental normal a lui-même deux degrés selon qu'il considère l'apparence ou l'essence des personnes et des objets, c'est-à-dire *selon qu'il compare plus ou moins.* En effet, le mental n'est jamais neutre. Neutre signifierait qu'il constate ce qui est, et rien d'autre, comme un miroir. Or, consciemment ou inconsciemment, le mental fait toujours intervenir des éléments de comparaison. Le mental ne peut jamais « voir » de façon pure. Il « pense » toujours plus ou moins. Tout ceci est relatif : plus il pense moins il voit, moins il pense plus il voit. Relatif, donc dépendant : ce mécanisme dépend de la condition intérieure — également relative — du sujet qui pense. Il y a toute une série de niveaux. Le mental s'en tient à l'apparence quand il envisage un objet — une chose, un être — sous son aspect personnel. Il envisage l'essence quand il pénètre jusqu'à son aspect impersonnel. Mais le mental ne peut pas voir véritablement l'Essence, il peut seulement la penser, l'appréhender selon ses conceptions.

Je reviens à l'exemple du visiteur qui s'approche de moi dans le jardin de l'ashram. Je considère son apparence si je me rappelle qu'il est musulman (et j'aime plus ou moins l'Islam), très riche (et la richesse m'attire ou me met mal à l'aise), ayant fait ses études aux Etats-Unis (et je crains ou admire la mentalité américaine), etc., sans parler même de son apparence la plus extérieure, c'est-à-dire son physique, grand ou petit, aimable ou renfrogné, distingué ou vulgaire, et — bien sûr — son sexe, homme ou femme.

Je m'approche de son essence si je considère en lui « l'être humain », le cœur de son problème, son destin le plus profond, sa raison de vivre la plus intime.

Cela est particulièrement significatif dans la façon dont le disciple « voit » ou « pense » son maître. En éliminant les transfert et projection de l'image d'un ou des parents, reste que le disciple peut voir son gourou comme vieux ou jeune, parlant peu ou beaucoup, chantant ou non des hymnes sanscrits, souvent en apparent samadhi ou jamais, toujours doux ou parfois brutal... ou voir en lui simplement la source de la sagesse, la lumière qui éclaire ses ténèbres.

Mais l'Essence de l'Essence, l'*atma*, aucun mental, aussi purifié soit-il, n'y accède. Il n'y a plus ni toi ni moi, ni disciple ni maître, seulement la communion du Soi avec le Soi.

A travers un mental normal, un certain « je » encore relatif commence à « voir » relativement. Mais il ne faut jamais oublier qu'entre le « Je » (ou le « Je suis ») absolu et le mental il n'y a aucune commune mesure.

On entend souvent dire : « Chacun sa vérité. » C'est exact, tout à fait exact, pour un homme qui ne vit que dans son monde, ne parle que son langage. Habituellement une conception, une affirmation, est un compromis entre la vérité d'un individu et la Vérité impersonnelle. Cela ne s'applique plus au sage. Le sage ne possède pas la vérité : il *est* le porte-parole de la Vérité. Sa vérité est *la* Vérité.

*
**

La vraie raison de l'incompréhension générale est que les hommes s'en tiennent à la surface des événements. Vivant à la surface d'eux-mêmes, ils se contentent de la surface de ceux qui les entourent. Les gens s'opposent et se disputent parce qu'ils considèrent les effets au lieu de se préoccuper des causes. Et c'est en comprenant d'abord ses propres mécanismes profonds qu'on peut ensuite percevoir ceux des autres.

L'acte lui-même, une parole, un geste, est l'expression d'un contenu intérieur. Ce qui peut nous mettre sur le chemin vers cette profondeur, c'est le « comment ». Je prends l'exemple le plus simple : répondre oui. Il existe trois façons de dire oui : la manière calme, tranquille, naturelle ; la manière exagérée ; la manière restrictive. Il y a bien souvent un non dans le oui et un oui dans le non. La manière calme obéit au précepte du Christ : « Que ton oui soit oui. » C'est le oui d'une personne unifiée dans son affirmation : la pensée, le cœur et la bouche sont d'accord. Chaque geste mesuré, posé, chaque son de voix neutre, paisible, exprime la même unification intérieure.

S'il y a, dans l'expression, un manque de fermeté, une restriction, une hésitation, si l'action est faite « à contrecœur », si le « oui » est dit du bout des lèvres, c'est la manifestation d'une division intérieure. On dit oui mais on pense non. C'est un oui sur lequel on reviendra, ou un oui que le reste du comportement contredira. Un témoin qui est lui-même neutre, qui n'est pas impliqué émotionnellement percevra cette réticence. Mais un interlocuteur qui veut entendre oui, qui aime ce oui et n'aime pas le non possible, ne tiendra compte que du mot oui lui-même et sera sourd à l'intonation, aveugle à l'expression de celui qui paraît répondre affirmativement. « Il a dit oui », « elle a dit oui. » Toute attention, toute vigilance ont disparu car l'auditeur est identifié à ce qui, en lui, aime ou n'aime pas. Il n'y a plus trace du « je », même relatif, mais seulement le mental pour penser au lieu de voir et pour réagir au lieu d'agir.

Enfin, à l'opposé, il y a le oui proclamé trop fort, le oui exagéré, le oui emphatique, le oui répété, le oui accompagné de : « absolument », « c'est certain », « j'en suis sûr à 120 % », etc. Du moment que ce oui n'est ni simple, ni naturel, il témoigne, autant que la restriction, d'un refus profond que l'on veut nier, étouffer et qui peut, en effet, ne pas être conscient. Il témoigne d'une division intérieure. On peut en dire autant de toutes les paroles et toutes les actions dans lesquelles on met une intensité inutile. Une femme qui aime un homme de tout son cœur dit simplement : « Je l'aime. » Une femme qui ne veut pas entendre la voix intérieure criant que son amour ne durera pas ajoute : « pour toujours ». L'insistance exagérée est une compensation. Comme dans le cas précédent, le témoin qui est identifié à ses émotions n'entend que les mots qui lui font plaisir ou qui le fâchent. Ce qu'il y a autour des mots, donc ce qu'il y a derrière les mots, lui échappe complètement.

Pour tout effet, il y a une cause. S'il y a répétition, tension, fébrilité, éclat ou intensité particulière, il y a une raison. C'est toujours la profondeur qui est vraie, non la surface. Combien souvent dans un oui, la vérité est le non qui est derrière.

Les hommes sont divisés intérieurement et ils se prennent les uns les autres pour des êtres unifiés : « Mais tu as fait ceci », « mais tu as dit cela. » Qui « tu » ? Les hommes changent, changent, et ils se prennent les uns les autres pour des êtres immuables : « Mais tu as fait ceci », « mais tu as dit cela ». Qui « tu » ? L'homme d'aujourd'hui n'est plus celui d'hier.

Il existe bien des expressions révélatrices d'une

condition intérieure différente de la surface. Ce que les gens pensent ou disent à propos du futur, par exemple, trahit leur état présent, ce qu'ils sont, ce qu'ils aiment et ce qu'ils veulent maintenant. Les craintes pour le futur manifestent au contraire de l'apparence, que l'on souhaite voir la chose se produire (et qu'on refuse cet aspect de soi-même). Souvent le mot « si », au lieu d'exprimer le doute ou l'incertitude, traduit une certitude inconsciente réprimée. « Si mon entreprise réussit », veut alors dire : « Mon entreprise ne réussira pas », ou même « Je ne veux pas que mon entreprise réussisse. » Il se peut fort bien que l'interlocuteur n'entende pas non plus un doute mais l'affirmation opposée : « Mon entreprise réussira », parce que, lui, il désire, il a besoin que ladite entreprise aboutisse. En d'autres termes, l'un a dit une chose et l'autre a entendu le contraire. La différence entre le véritable « si » conditionnel et le « si » d'apparence se perçoit aussi à l'intonation, à la mimique... à condition d'avoir des yeux pour voir et des oreilles pour entendre.

Pourquoi tant de difficulté à voir et à entendre ? Parce que les hommes *attendent* quelque chose, espèrent quelque chose du dehors, des autres. C'est cette attente qui les met dans la dépendance de l'extérieur et les exile de la dépendance de soi-même, chemin de la non-dépendance qui est la seule vraie indépendance. Que de gens dont la prétendue indépendance n'est qu'une immense réaction, donc la dépendance totale. Et qu'est-ce qu'un homme « attend » ? Il attend que la loi naturelle fasse une exception spécialement pour lui, cesse d'agir pour lui et que deux ne soient plus différents. Il attend que les autres, ou tel autre en particulier, soit un autre lui-même, un *alter ego*, ressentant comme il ressent, faisant ce qu'il espère, aimant ce qu'il aime, lui donnant ce qu'il veut, comme s'il se regardait dans une glace, partout. C'est lui, lui-même, que l'homme cherche désespérément à voir dans la peau de son patron, dans la peau de sa maîtresse, dans la peau de son fils, dans la peau de son ami et dans celle de son ennemi. Parce que le Sage, le Libéré dit de chacun : « Je suis lui », l'homme asservi crie de chacun : « Il est moi. »

Une autre expression de surface trahissant les mécanismes profonds consiste à projeter sur des causes extérieures les raisons de son comportement. « J'ai fait ceci parce que cela, étranger à moi, m'y a obligé » — sans vouloir, ou plutôt sans pouvoir, reconnaître que, dans les mêmes circonstances, un autre eût agi tout différemment. Certains rendent responsable Satan ou des forces maléfiques : « Je ne sais pas ce qui m'a pris », c'est-à-dire « ce qui s'est emparé de moi ». Ce qui les a pris, c'est leur vraie nature profonde, à ce moment précis de leur évolution, due à l'ensemble des causes et conditions préalables. Mais parce que cette nature ne correspond pas à l'image qu'ils ont d'eux-mêmes, à leur idéal, ils la nient, la répriment et l'ignorent. Le chemin de l'effet vers la cause consiste à chercher cette cause en soi. C'est une tâche difficile : une partie de nous veut voir, une partie ne veut pas voir et oppose de terribles résistances. Je ne peux pas voir parce que je ne veux pas voir. Le mental se met à penser, penser, penser, pour masquer coûte que coûte l'accès à la racine émotionnelle profonde d'où naissent nos actes.

D'autres accusent la pluie ou le beau temps, leur frère ou leur belle-sœur, les postes ou la police, la connerie des responsables ou la merde générale et je ne sais qui ou quoi encore. Faire retomber la faute sur les autres est un comportement essentiellement infantile. L'enfant n'a pas la moindre idée de ce que peut être la connaissance de soi ou les mécanismes psychiques. Son existence ayant commencé par la dépendance totale, il continue à tout attribuer à des agents extérieurs. Il ne pensera pas : « Je me suis brûlé avec le réchaud » mais « le réchaud m'a brûlé ».

La surface est donc le jeu des événements tels que chaque homme les ressent et les interprète : « C'est à cause de ceci que j'ai fait cela », « Ceci et ceci étant, j'ai dû faire cela », « Parce qu'il avait agi comme ceci, j'ai décidé de faire cela. » Apparences, autrement dit mensonges. Parce qu'il y a ceci au fond de vous, vous avez eu telle émotion, vous avez réagi de telle façon et vous avez fait cela parce que vous ne pouviez pas faire autrement. Voilà la vérité.

Toutes les bonnes raisons, toutes les justifications sont des sécrétions du mental. La façon dont j'ai agi était-elle la justice de la situation perçue par un sentiment libre et une intelligence claire, ou ma réaction aveugle à ce que j'aime ou n'aime pas ?

Si un homme est excité, provoqué, par un facteur quel qu'il soit, c'est que cet élément est en lui et qu'il ne veut pas le voir, c'est qu'il y a là quelque chose qu'il re-connaît et qui, comme on dit, lui rappelle de bons ou de mauvais souvenirs inconscients. Pour être inconscient, ce rappel n'est pas moins efficient. A ce rappel, l'homme réagit. Les gens n'ont généralement que des réactions mais ils prennent leurs réactions pour des actions. Accepter la réaction comme réaction est déjà un accomplissement. Prendre une réaction pour une action, c'est demeurer à la surface. Un homme vous parle d'une nouvelle dramatique qu'il a lue dans le journal du matin. Son expression, la vibration de sa voix, le choix de ses termes montrent s'il rapporte un fait de façon neutre ou si il est touché, ému personnellement. Etymologiquement que signifie « é-mu » ? Mû hors de. Un homme ému est un homme arraché à lui-même, arraché au « Je » relatif qui aurait pu se manifester en lui. Un homme ému est un homme aliéné, décentré. Parce qu'il n'est plus au centre de lui-même, il n'est plus au centre de rien.

L'apparence prétend que l'attitude de cet homme s'explique par la cruauté de l'événement relaté dans son quotidien. Mais l'essence relative de cet homme est sa nature particulière, à cause de laquelle il a été particulièrement touché. Effectivement, en lisant le même jour le même journal, l'un sera atteint par un récit d'enfant martyrisé et indifférent à un tremblement de terre qui a ruiné deux ou trois mille familles en quelques minutes, tandis qu'un autre sera surtout obsédé par de mauvaises nouvelles économiques ou une menace de conflit entre l'Assaïm et le Tchekoristan. Un test fort instructif consiste à demander à plusieurs personnes quelle information elles auraient mise en première page si elles avaient été le rédacteur en chef tout-puissant du journal en question.

*
**

Le critère de la pureté de la vision est toujours l'absence de réaction émotionnelle : moins j'ai d'émotion plus je pénètre vers l'essence. Mais il faut bien se rendre compte qu'en dehors des émotions évidentes, patentes, une absence totale d'émotion se traduirait par une relaxation parfaite aussi bien mentale que physique : plénitude, calme, tranquillité. Seul celui qui est complètement à l'aise, satisfait, assouvi, contenté, à qui rien ne manque, peut être dit sans émotion. Sinon, cela manifeste qu'il y a un « nœud » *(granthi)* quelque part en nous. Si un homme n'éprouve pas cette satisfaction paisible, ce contentement, cette « plénitude », il y a « souffrance », légère soit, mais souffrance, même si le motif n'en est pas du tout apparent. Pour échapper à cette souffrance, à ce manque, l'homme va agir. Dans son ignorance, il ne sait pas comment agir pour être un jour définitivement dans la paix et il va continuer à demeurer enchaîné par son ego, par le jeu des dualités, par l'action et la réaction.

En vérité, sauf à certains moments exceptionnels, tout homme autre que le Sage est toujours soumis à l'émotion, car il se sent toujours incomplet. Ces moments exceptionnels sont ceux où l'on ne « demande plus rien » et dont on dit que « le temps s'est arrêté ». Rien ne manque. Aucune pensée, aucun désir, aucune crainte ne s'élève du subconscient. Tout est parfait. Tant que dure cet état, on n'éprouve le besoin d'aucun geste, aucune action, aucune initiative. Moins un homme a de conflits intérieurs, de tensions et de répressions, plus ces moments peuvent être fréquents et durables. Dans le monde moderne occidental ils sont de plus en plus rares et chacun, de plus en plus, est condamné à l'agitation perpétuelle.

Hors de ces moments de plénitude, l'homme ressent toujours un malaise, le besoin de quelque chose. Cette insatisfaction est la nature même de l'homme vivant dans l'ignorance. Et cette insatisfaction cherche toujours une compensation. On dit que telle ou telle activité d'un homme ou d'une femme est une compensation à sa laideur, à son incapacité aux études, à sa situation professionnelle subalterne, à ses déceptions amoureuses, à sa faiblesse physique, à sa petite taille. En vérité c'est toute la vie d'un homme qui est une compensation, une compensation au fait qu'il n'est pas un être réalisé, un Libéré, un Sage. Il lui faut tout le temps combler un vide, agir, « faire quelque chose » pour pallier son inquiétude, sa souffrance de n'être pas infini et illimité.

Restez assis, immobile, sans rien faire, éprouvant seulement : « Je suis et tout est bien. » Combien de temps, honnêtement, pouvez-vous ressentir cette perfection ? Il manque quelque chose, n'importe quoi. Et l'homme va agir sans qu'aucune nécessité extérieure le lui demande. Il va retourner se faire prendre au jeu de l'action et de la réaction, pour sa propre satisfaction. L'un ouvre un journal, un autre va boire ou manger quelque chose sans avoir faim ni soif, une autre donne un coup de téléphone qui ne s'impose nullement. Selon la tragique expression : il faut tuer le temps. Tout ce que fait l'homme ordinaire, tout, il le fait parce que c'est lui qui a besoin de le faire. Tout ce que fait le sage, tout, il le fait, au contraire, parce qu'une nécessité impersonnelle, qui n'a pas sa source en lui, le lui demande. Il répond librement. En dehors des quelques impératifs physiologiques, le Sage peut rester indéfiniment en apparente inactivité — aussi apparemment inactif dans ce monde que nous le serons tous, après nous être tant agités, lorsque nous serons morts. Il n'est pas contraint d'agir. Ses actions sont des réponses à une nécessité de la Manifestation, autrement dit à une nécessité cosmique même si ce mot paraît bien solennel pour les humbles besoins des autres auxquels le sage pourvoit dans sa compassion sans limites.

Le sage est un homme qui a résolu son problème fondamental : la prétention à être absolument.

L'homme ordinaire se croit incomplet. Il demande toujours quelque chose à ce qu'il ressent comme extérieur à lui, autre que lui. Il attend, il escompte, il espère. Sa paix, sa joie ne peuvent être que dépendantes. Mais la vie nous offre le miel sur un tranchant de rasoir et chaque espoir d'absolu investi sur quelque chose ou quelqu'un se solde par une souffrance. La véritable Espérance, celle dont parle le Nouveau Testament, ne naît que quand sont morts tous les espoirs. Le disciple apprend que toute attente individuelle est condamnée à la déception : l'autre n'est pas moi et il est changeant. Personne ne peut complètement compter sur personne. Par cette approche négative s'ouvre le chemin de la non-dépendance et de la plénitude. Celui qui voit vraiment et toujours le relatif comme relatif ne peut plus s'identifier. L'indépendance est libre du temps *(kala)* car elle est toujours vraie, libre de l'espace *(desha)* car elle est vraie partout, libre de la causalité *(kârana et kârya)* car elle est vraie en toutes circonstances.

Que toutes les actions d'un homme ordinaire

soient des compensations au fait qu'il n'est pas « réalisé », au fait qu'il y a lui et le reste du monde, bien peu d'hommes peuvent le voir et l'accepter. Plus ses actions ont ce caractère compensatoire, plus l'homme leur attribue de valeur. Il en arrive à idolâtrer — il n'y a pas d'autre mot — certaines activités qui lui paraissent nobles et utiles mais qui ont surtout pour effet de lui redonner de l'importance à ses propres yeux.

Les activités de l'homme dans la dualité ont pour caractéristique de s'exercer toujours contre quelque chose d'autre, parce qu'elles tendent vers le succès. La Bhagavad Gita et le karma-yoga enseignent que l'homme a droit à l'action mais non aux fruits de l'action. Or toute l'activité humaine ordinaire tend précisément à ces fruits. Un médecin soigne pour guérir, un chef d'état-major combat pour vaincre, un commerçant vend pour gagner de l'argent. C'est ici que la distinction entre les voies du monde et les chemins de la sagesse se révèle dans sa netteté et sa dureté de diamant. Etre un sage, c'est échapper aux dualités, ne plus opposer ce que nous aimons à ce que nous n'aimons pas. Pour reprendre l'exemple du médecin, son erreur n'est pas, ou ne serait pas, de tout faire pour guérir les malades mais de refuser l'éventualité de la situation contraire. Car la Manifestation comprend la nuit autant que le jour, la maladie autant que la santé, la mort autant que la naissance. La seule réalisation qui mette un terme à toutes les souffrances est la vision de l'Eveillé, du Bouddha, en laquelle toutes les oppositions sont dépassées. Dans la mesure où elles sont compensations au refus de notre condition relative, toutes nos actions font du relatif un absolu : la guérison est le bien absolu, ou est absolument bonne. La maladie est le mal absolu, ou est absolument mauvaise. Or on ne peut pas devenir papillon tout en restant chenille et on ne peut pas être « libéré » tout en demeurant soumis à la vision dualiste, donc à la souffrance. Toutes les tentatives de compromis sont vouées à l'échec. Mais l'homme a fait de sa conception du bien un absolu et de sa conception du mal un absolu. Il veut bien de Brahma, le Créateur, et de Vishnou, le Préservateur, mais il refuse Shiva le Destructeur, Shiva le maître des ascètes et des yogis.

Dans son aveuglement, l'homme ressent tout échec comme déchirant, puisqu'un échec met en cause tout l'effort d'une vie pour échapper à la souffrance fondamentale, fruit de l'ignorance fondamentale. Pour le Sage toute distinction d'échec ou de réussite personnels a disparu. Pour l'homme ou la femme ordinaire, « ce pour quoi il ou elle vit » : sa mission, son art, ses enfants, son épouse, son mari, son entreprise, — *tout ce dont il se sent responsable*, est compensation. Il n'en est donc pas libre. C'est dur à entendre, dur à voir pour soi-même. Toutes nos activités même les plus altruistes sont, par définition, égoïstes tant que subsiste un ego. Seul le sage est un avec tout et avec tous.

La « Libération » est un sentiment de perfection, de plénitude, de complétude : rien ne manque. Au contraire, l'homme est attiré par tout ce qu'il ne connaît pas, ce dont il n'a pas l'expérience. Il veut l'avoir. Il veut l'être, car connaître c'est être : on connaît ce que l'on est relativement — dans le domaine du corps et du mental — ou absolument — dans la Réalisation de la Vérité, du Soi. Une femme qui a eu une enfance malheureuse sera attirée par les petites filles heureuses et joyeuses, une femme qui n'a eu ni argent ni position sociale sera attirée par les hommes riches et célèbres, un homme qui n'a jamais eu de muscles sera attiré par la prestance des culturistes, un homme qui demeure infantile et souffre de ne pas être indépendant intérieurement sera attiré par une femme très indépendante, etc. Si aujourd'hui tant d'hommes et de femmes veulent encore faire l'amour à un âge avancé, c'est parce qu'à cause de leur état névrotique et de leur incapacité à être parfaitement et consciemment « ici et maintenant », ils n'ont jamais vraiment connu l'acte sexuel, l'eussent-ils fait tous les jours pendant quarante ans.

Mieux je peux vivre le « ici et maintenant », plus mon penser est pur, donc mieux je « vois » relativement. Moins je vis dans *mon* monde, plus je vis dans *le* monde. Car si « Je » peut voir l'infinie Manifestation, le mental ne connaît et ne reconnaît que son monde à lui. La vision réelle est celle qui voit toutes choses comme égales *(sama darshan)* mais non uniformes (d'une seule forme). Plus un homme possède cette vision égale, mieux il peut voir les différences car il n'est plus condamné à ne voir partout que la projection de son monde intérieur. Si le Sage ne voit que lui partout, c'est-à-dire ne voit partout que le Soi impersonnel, l'ego ne voit partout que son petit moi individuel. Si « Je » est neutre, le mental est fait de goûts et de dégoûts, de « j'aime » et « je n'aime pas ».

***

La nécessité de voir et d'entendre ce qui est — ou plutôt la tragique incapacité de l'homme à voir et à entendre librement — est la source de l'immense malentendu qui concerne les mots français aimer et amour.

Je précise les mots français car, dans la plupart des langues anciennes ou contemporaines, plusieurs termes distincts correspondent aux sentiments et émotions bien différents que traduit le seul verbe « aimer ». Ceci est vrai non seulement pour des langues que nous associons à des cultures évoluées, comme le sanscrit ou le grec, mais aussi pour des langages de « peuplades » ou de « tribus », notamment africaines, prouvant par là que leur humanisme n'est pas si inférieur au nôtre qu'on l'a prétendu.

Ce que nous appelons aimer peut être soit l'expression du sens de la séparation, soit l'expression du sens de l'unité. Or le fondement de l'unité est la compréhension et le fondement de la compréhension est la vision objective.

Quand nous allons au lit pour dormir, nous nous apprêtons à rentrer en nous-même, à retourner à nous-même. C'est pourquoi le vedanta a toujours accordé une si grande importance à l'état de conscience du sommeil sans rêves. Mais, à part le sommeil ou ce sommeil vigilant qu'est la méditation sans formes, la vie est toujours relation, rapport entre un moi et un non-moi, entre un sujet et un objet. Voir cette relation est le premier sol ferme sur lequel l'homme peut s'appuyer pour agir et pour croître, le point de départ de toute progression spirituelle. Alors le vrai problème se pose immédiatement : comment être libre de sa propre coloration des faits, de son attente et de ses espoirs, de ses goûts et de ses aversions ? Il faut d'abord accepter et apprendre à reconnaître que chaque relation concrète implique bien plus que son motif apparent. Elle met en jeu tout un arrière-plan inconscient, se rattachant à notre histoire individuelle particulière en même temps qu'aux grands thèmes, mythes, ou « archétypes » communs à tous les hommes.

Si le désir (je veux quelque chose, j'attends quelque chose de quelqu'un) est trop contraignant, il n'y a plus aucune possibilité de voir, de voir l'autre, de voir ses aspirations, ses craintes, sa souffrance à lui. Or le simple bon sens m'oblige à accepter qu'à partir du moment où j'affirme ma prétention à être en tant qu'individu distinct avec mes désirs à satisfaire, chacun en fasse autant. Je ne peux pas dire seulement : « Je suis ici », ou dire : « Je suis ici et c'est tout. » Je ne suis justifié à dire : « Je suis ici » que si j'ajoute aussi : « Il est là. » Je ne peux dire : « Je suis » que si j'affirme aussi : « Il est. » Si chacun avance dans la vie avec l'affirmation : « Je veux », « Il me faut », le monde n'est peuplé que d'aveugles et de sourds. Bien sûr, devant une présentation aussi brutale des faits, tout homme se récrie et affirme de bonne foi qu'il se refuse à un tel égoïsme. Mais l'égoïsme, la puissance de maya ou du « Malin » pour nous maintenir en prison, s'exerce sous une forme plus subtile et plus rusée. Tant que subsistent des préférences et répugnances, autrement dit tant que nous demeurons « humains » (« Que voulez-vous, c'est humain ! »), nos intérêts entrent en conflit avec les préférences et les répugnances des autres. La voie, la seule voie qui prépare peu à peu au grand jour de la Réalisation ou du satori, est celle de la diminution de l'égoïsme, donc de l'égotisme psychologique. Non plus : « Vous êtes pour moi », mais « Je suis pour vous. » « Moi », en tant qu'individu, a disparu laissant le champ libre à l'expansion, à l'élargissement, au véritable épanouissement.

Le point d'appui qui rend cette attitude possible

c'est l'autre lui-même, tel qu'il est et tel qu'il s'exprime. Oui, oui, il est ainsi, il dit ceci, il fait cela. C'est lui aujourd'hui, ici et maintenant. Je peux le voir tel qu'il se manifeste parce que je l'accepte tel qu'il est, non tel que je voudrais qu'il soit.

A mesure que la compréhension devient plus profonde, le sentiment de l'unité se révèle. Alors seulement on peut commencer à parler d'amour. Je veux rappeler ici que la langue anglaise a deux mots pour notre seul verbe « comprendre » : *to understand* et *to comprehend*. *Under-stand* signifie : « se tenir sous ». Comprendre quelqu'un, c'est se situer soi-même à la racine, à la source du comportement de cette personne. C'est se « mettre à sa place ». Se mettre à sa place implique de « s'oublier soi-même ». Or tous les Enseignements traditionnels, y compris l'adhyatma yoga, enseignent que le drame de l'homme est justement de « s'oublier sans cesse lui-même », de « perdre conscience de lui-même », d'être emporté, d'être « é-mu ». Une fois encore, voici à l'œuvre le piège des mots et ses ravages. Quel « soi-même » ? Le « Je » ou le « moi » ? La « personne » *(purusha)* ou l'ego *(ahamkar)* ? On ne peut oublier son ego qu'en commençant par le connaître et en demeurant centré dans sa vigilance *(awareness)* et dans le « Je » profond, d'autant plus libre du mental qu'il en reconnaît les trucs, les ruses, les distorsions.

Le second terme anglais pour comprendre est, comme en français, le mot latin *comprehend*, prendre avec. Comprendre veut dire inclure en soi, exactement comme lorsque vous demandez au maître d'hôtel : « Est-ce que le service est compris dans l'addition ? » Plus nous comprenons, plus nous sommes vastes, riches, étendus. Je l'ai souvent écrit mais je le redis une fois encore : un ego large est le contraire d'un ego hypertrophié.

L'amour est le signe ou l'expression du sentiment d'unité *(oneness)*. Au contraire, le sentiment de séparation, qui donne naissance au besoin de recevoir et par contre-coup au *besoin* de donner, s'appelle le désir. C'est le plus souvent cette convoitise que désigne notre mot amour, un amour qui marche de pair avec la haine. Nous voici toujours soumis aux dualités, aux *dvandvas*. Amour, haine, amour, haine et ainsi va le monde.

Lorsque l'homme veut pour lui-même, s'il obtient ce qu'il veut, il aime celui qui le satisfait. Si ce qu'il désire ne lui est pas accordé, il hait celui qui le frustre. Le véritable amour, le seul amour digne de ce nom, ne demande ni n'attend. Que l'autre fasse ou ne fasse pas, donne ou ne donne pas, cela est neutre. Cet amour ne connaît pas la haine. Et comment cet amour naît-il ? Lorsqu'on « voit » : « C'est ainsi. » « J'accepte que cela soit ainsi. »

Cet amour est infiniment puissant. Cet amour est l'expression de la vérité *(sat)* et la vérité ne peut pas ne pas rayonner, irradier. Celui qui donne sans chercher à recevoir attire tout ce qui lui est nécessaire pour vivre et pour croître. Faites quelque chose pour un autre, pour une autre. Pour lui. Pour elle. Au début l'autre se contente de recevoir, comme un enfant se contente de téter : « Je reçois, je reçois. » Chez un adulte particulièrement infantile, cela peut durer longtemps, très longtemps. Mais l'amour ne se lasse jamais. Puis, tôt ou tard, « je reçois » fait sa place à : « j'ai reçu ». « J'ai reçu » donc « je peux continuer à recevoir ». L'homme qui a obtenu, qui espère obtenir, éprouve : « Si je fais quelque chose pour celui (ou celle) qui me donne, je recevrai encore plus. » Ce raisonnement n'est guère conscient mais il n'en est que plus agissant. Et voici un homme qui commence à répondre à l'amour, le voici qui commence à donner, à aimer, à grandir, à s'engager sur la Voie. Au début il se demande : « Qu'est-ce que je peux faire pour lui ? » parce qu'il a encore besoin de continuer à recevoir. Mais il ne peut plus se contenter seulement de recevoir. « Moi seulement » s'ouvre sur « moi et les autres ». Puis viendra : « Les autres et moi » (l'homme sage, la personne). Et enfin : « Les autres seulement » (le Sage, le Libéré).

On ne peut faire quelque chose, quoi que ce soit, pour un autre que si on se sent un avec lui, que si on le comprend sans aucune réserve et sans le moindre jugement. En vérité, personne ne peut jamais faire quoi que ce soit pour « un autre ». Chacun fait toujours tout pour lui-même. Tant que je vois « un autre » en face de moi je ne peux agir que pour moi, même si je crois agir pour cet autre. Cette affirmation surprenante, peut-être difficile à comprendre au premier abord, est de la plus grande importance. Tant que subsiste l'ego — la conscience de la séparation — aucun acte n'est pur et désintéressé. L'ego éprouve le besoin de faire, en apparence pour l'autre, en vérité pour lui-même, mû par ses mécanismes inconscients, agissant selon la dialectique de prendre et de donner pour combler le sens de la séparation et la menace permanente que comporte celui-ci. Quand nous agissons pour un autre sans nous sentir un avec lui — un et non pas deux — en vérité nous l'insultons et nous glorifions notre vanité, nous dégradant par là même. Ici intervient une immense illusion, partout répandue qui nous flatte, certes, mais nous tient encore mieux en servitude.

Dans la mesure où notre ego s'efface, où ce qui est juste et nécessaire se révèle à nous, il n'y a plus sentiment que quelqu'un fait un geste en faveur de quelqu'un d'autre. Ce geste doit être fait, ne peut pas ne pas être fait, c'est tout. Aucun doute, aucune hésitation ne subsiste. A ce que la vie me demande il n'y a qu'une seule réponse possible. Si quelqu'un nous pose la question : « Nommez-moi le plus grand compositeur Européen » bien des réponses vous viennent à l'esprit, des arguments pour, des arguments contre. Nous voici divisés, pleins de doutes. Si on nous demande : « Qui a composé la Neuvième Symphonie avec chœurs ? » une seule réponse est possible :

« Ludwig van Beethoven. » Certes la réponse nous est imposée par la vérité. Et pourtant nous éprouvons, en nous soumettant à l'impérative vérité, un sentiment de profonde liberté. Pour le sage, toute demande de la vie, de la situation, comporte une seule réponse possible. Plus l'ego et ses racines inconscientes se dissolvent, plus nous nous rapprochons de cette bienheureuse certitude : c'est ainsi, je ne peux pas agir autrement.

Alors le critère de l'action n'est plus une conception extérieure du bien et du mal. Celle-ci ne peut pas conduire vers la Libération. L'homme qui est mort à lui-même, en qui s'exprime sans entraves la Vérité ou la Réalité unique, agit spontanément, parfaitement. Il n'y a plus de séparation entre l'intérieur et l'extérieur, entre lui et le reste du monde. Ses actions sont toujours justes.

*
**

Parce qu'il est parfaitement et immédiatement un avec chaque événement, le Sage est affranchi de tout ce que nous appelons les difficultés de la communication. Il comprend le langage de tous et parle le langage de chacun. Ceci est pour moi une expérience renouvelée, confirmée et à propos de laquelle mes doutes — il y en a eu parfois — ont toujours été tôt ou tard dissipés, plus souvent tôt que tard. Celui qui voit et qui entend ne peut pas être affecté, car celui qui est le moins du monde affecté ne peut plus ni voir ni entendre. Le sage n'est affecté par rien. Il n'y a plus en lui ni inconscient, ni refoulement, ni censure, ni résistance. J'exprime ici une conviction fondée sur quatorze ans d'observation et d'études.

Au moment où j'insiste sur l'importance du dialogue, c'est ici le lieu de réaffirmer la vérité essentielle de la Voie : dans la rencontre du Sage et de son prochain, il n'y a plus deux sujets en présence, ni deux « inconscients » en présence. Sans parler de tous les maîtres que j'ai approchés pendant ces quatorze années parmi les Hindous, Bouddhistes et Soufis, j'ai passé, seul, en face de mon guide, plus de trois cent quarante séances d'une heure à une heure et demie, échelonnées sur six années. Il n'y a pas d'ailleurs de quoi s'en vanter car il y a toujours eu des disciples plus doués à qui quelques directives ont suffi pour ouvrir la Voie. D'année en année, j'ai mieux vu la vérité de cette affirmation que je cite dans le tome I : « Quand le maître et le disciple sont réunis dans la même pièce, il n'y a pas deux mais un : le disciple. Le maître *est* le disciple. » C'est la différence — mais elle est radicale — entre la sadhana hindoue ou tibétaine et la psychothérapie. Encore faut-il qu'il s'agisse d'un maître au sens fort du terme, d'un *jivan mukta,* et non d'un de ces nombreux gourous conférenciers et missionnaires qui colportent leurs mantrams ou leurs exercices respiratoires un peu partout dans le monde. Avec un sage il ne peut être question de « contre-transfert ». Le Sage n'a plus rien d'individuel. C'est pourquoi, depuis des milliers d'années, on appelle le sage un « Libéré ». De ces Libérés, je n'ai pas rencontré un, mais plusieurs.

De la part de ceux qui approchent les Sages, par contre, tous les mécanismes de projection et de transfert observés et décrits par Freud et les psychanalystes jouent tant et plus. On projette et on transfère non plus sur un être mais sur l'Etre. C'est toute la différence.

N'oublions pas le programme de vie proposé par les Upanishads. « *Asato ma sat gamayo* : de l'irréel conduis-nous au Réel. » Ce Réel, c'est le réel non-duel et intemporel. La conscience n'est plus limitée, conditionnée, par le nom et la forme, elle est universelle. Peut-on croire que ce Réel transcendant — *brahman, prajna, shunyata, boddhicitta* — n'inclut pas ce que les psychologues contemporains appellent le réel, c'est-à-dire le monde des phénomènes dont nous aliènent toutes les formes de névrose, de raidissement et de « mauvaise foi », au sens que J.P. Sartre donnait à ce terme ?

Le fait de vivre en prise directe avec la réalité épargne au sage et épargne peu à peu au disciple, à mesure que celui-ci progresse, un considérable gaspillage d'énergie. La protection du mensonge, donc l'inévitable conflit, épuise plus que tous les surmenages car elle fait vivre dans la peur, la peur de

« l'autre ». Toute émotion est une expression de cette peur primordiale : l'émotion pénible la manifeste directement, l'émotion agréable la manifeste comme un soulagement. Toute la vie de l'homme est faite de peur et de relâchement de la peur. Quelle peur ? Celle d'être nié dans son aveugle et ignorante prétention à faire de sa réalité individuelle relative une réalité absolue. Pour lui Vishnou, le Préservateur, apparaît comme le Bien et Shiva, le Destructeur, apparaît comme le Mal. Shiva est pourtant surnommé le « Bienveillant ». Il détruit quoi ? La conscience de la mort, en détruisant la conscienc de la multiplicité.

***

Et maintenant je redescends sur terre pour demander à chacun où il se situe, ici et maintenant, par rapport à toutes ces belles perspectives. *Sadhana* se traduit par ascèse, au sens étymologique grec du terme qui est, tout simplement, exercice. Maya ne lâche pas facilement sa proie. La sadhana elle-même se change aisément en forteresse du mensonge, en alibi, en justification. Il y a toujours danger qu'une découverte concrète, vécue, donc un instant de vérité, ne se fige en autosatisfaction permettant de mieux dormir jusqu'au prochain démenti un peu cruel du bienveillant Shiva. Le plus grave et le plus répandu de ces dangers consiste en l'identification au personnage de l'initié par opposition à tous les « endormis » qui ne sont pas engagés sur la Voie de l'Eveil. Plus un pseudo-disciple (peut-être un candidat à devenir un vrai disciple) parade vis-à-vis de lui-même et des autres, plus il protège sa construction en réagissant infantilement devant le Maître. Ce sont ces sadhakas qui parlent pour expliquer la nécessité du silence, qui se fâchent quand on contredit leur propos sur l'équanimité, qui assènent de force à ceux qui ne leur demandent rien et que leur virulence met mal à l'aise une théorie sur l'effacement de l'ego et l'unité avec l'autre. Ce sont tous les aveugles qui ne peuvent, dans leur peur inavouée du noir, se rassurer qu'en conduisant d'autres aveugles.

Il y a bien des pièges sur la Voie et bien des risques que la recherche de la liberté se transforme en son contraire. Si les influences et les séductions de la vie sont un hypnotisme puissant, les enseignements dits spirituels ou spiritualistes peuvent être un hypnotisme différent mais aussi dangereux. Je ne veux critiquer aucune organisation en particulier. En beaucoup il y a un élément vrai et positif. Mais vingt-deux ans d'expériences diverses à propos de *nombreux* mouvements et communautés françaises (et étrangères) m'ont amené à faire un certain nombre de constats. D'ailleurs mes propres erreurs ou mensonges m'ont enseigné, au prix fort, la diabolique habileté de maya et de l'ego son complice.

S'il m'a été donné — et c'est un privilège dont

je mesure l'immensité — d'étudier auprès de plusieurs Sages, j'ai aussi connu des hommes et des femmes, souvent de bonne volonté, qui enseignaient une Voie sans être arrivés au bout du chemin. J'ai pu observer comment évoluait la relation de certains avec leurs dévots. Chaque nouveau venu, par son enthousiasme, sa sincérité et sa projection sur eux de l'image du Sage (le Père ou la Mère parfait) les nourrit et redonne une jeunesse à leur propre désir de plénitude. Ce néophyte les admire, donc les rassure. Mais, avec le temps qui passe, il leur est impossible d'accepter que leurs élèves grandissent. Un disciple doué deviendra un rival. Les voici dans cette inextricable ambivalence d'enseigner pour conserver ce lien qui leur est encore plus nécessaire à eux qu'aux disciples et d'empêcher trop de progrès pour conserver leur supériorité manifeste. Autrement dit, eux aussi vivent dans la peur, la peur de voir en pleine lumière leur propre insuffisance, la peur d'entendre en pleine netteté la voix qui crie : « Je fais profession de la sagesse mais je mourrai sans avoir jamais été un Sage. »

Tout homme cherche à se rassurer, à compenser la demande non satisfaite de sa nature essentielle. La « vie spirituelle » offre un champ magnifique pour excuser les mensonges, les lâchetés et les démissions. Beaucoup de centres de recherche spirituelle sont des associations où, sans le vouloir consciemment, tout le monde est de mauvaise foi. Les disciples posent des questions qui ne les concernent pas vraiment à des gens qui, de toute façon, ne pourraient pas y répondre. Tous les complexes paternels, filiaux, fraternels réagissent les uns sur les autres, sans parler des ravages subtils de la sexualité non contrôlée. Chacun cherche comment trouver une position apparemment orthodoxe vis-à-vis des présupposés de la sagesse : neutralité, calme, impassibilité. C'est la puérilité totale derrière les attributs de la maturité, comme un petit enfant qui s'empare, avec peine mais avec sérieux, de la trousse de son père médecin et annonce qu'il va soigner les malades.

J'ai assez parlé de la neutralité du sage pour pouvoir dire que cette neutralité ne s'imite pas et ne se joue pas. La neutralité du sage est liberté totale fondée sur la parfaite connaissance de soi et sur une Réalisation *(mukti)* qu'on a ou qu'on n'a pas vécue. *Elle est amour.* Pas amour émotionnel, amour dualiste, amour de l'ego, mais amour dans l'indépendance et l'unité, amour absolu, qui n'attend rien et ne redoute rien. Cette neutralité et cet amour apparemment contraires et dont la conjonction est si incompréhensible pour l'homme égoïste, je les ai suffisamment observés depuis sept ans chez mon propre gourou pour savoir de quoi je parle.

La neutralité factice des faux-maîtres est refus de leur condition humaine inachevée, crainte, sécheresse et orgueil.

Inutile de dire les malaises puis les souffrances

que des aspirants, sincères au sein de leurs faiblesses et leurs illusions, peuvent éprouver en de telles circonstances. Ils sentent confusément qu'il leur faut grandir, devenir adultes, indépendants, et que cette croissance est le contraire de l'égoïsme et du besoin d'être reconnu. L'enfant effrayé veut croître. Mais, pour employer un langage moderne, il a le choix entre la castration et la soumission mal acceptée au Père dictateur (ou à la Mère dévorante) ou le narcissisme soigneusement cultivé (*ma* conscience, *mon* éveil, *mon* « vrai Moi »), ou la position de l'incompris qui subsiste dans le luxe de sa solitude et ne reste que pour recevoir les coups dont il a besoin. Il faut tout cela pour faire une école ésotérique à étiquette yogique mahayanique, tantrique ou originale ! Bien entendu, en dehors du Mouvement, Groupe ou Centre, la vie ne ménage pas les démentis à ces « confections ». Les élus sont alors condamnés à s'emprisonner de plus en plus dans leur monde à part. Plus leur construction devient artificielle, plus ils se coupent aussi de l'énergie créatrice et de la spontanéité en eux, de la bienheureuse simplicité.

Tout dogmatisme est le contraire de la spontanéité de la Vie et de la disponibilité de celui qui vit vraiment. Toutes les opinions, toutes les conceptions, tous les préjugés, tous, quels qu'ils soient, relèvent du mental. Des idées justes, des vérités formulées peuvent orienter notre marche en avant mais il ne faut jamais s'y attacher. « S'y attacher », l'expression dit bien ce qu'elle veut dire. Le samsara est mouvement et personne ne peut figer le samsara. Tenter de le faire, croire le faire, n'est que s'exiler de la vérité. Le samsara est le nirvana. La crispation, le raidissement, la partialité, la préférence, le refus, le jugement jalonnent les chemins de l'erreur. Beaucoup d'enseignements dits spirituels emprisonnent dans la dualité : les dogmes, les condamnations, les partis-pris, le refus de la vie totale. Agissant dans le sens exactement contraire au rôle qu'ils sont censés avoir, ils éludent la confrontation avec soi-même, masquent le problème essentiel, poussent à se couper de la vie, empoisonnent le mental avec des conceptions et des opinions encore plus rigides et exclusives que celles « de tous les jours ».

Les sectes ont leur langage propre et masquent les vrais problèmes par des formules qui répondent à tout et ne résolvent rien. Elles traitent avec condescendance le « dogmatisme » des religions « exotériques » mais leur dogmatisme pseudo-ésotérique permet d'escamoter toutes les questions vitales. Comme on ne peut jamais duper ni rouler la vérité, les démentis du monde sont une permanente cause d'inquiétude. Le mieux est de s'intéresser le moins possible à ce monde extérieur, après l'avoir condamné sans rémission une fois pour toutes (les « ténèbres extérieures »), et de nier, nier toujours plus, la vérité.

Tout ce que les pseudo-disciples ne veulent pas

voir et accepter en eux-mêmes, ils le projettent sur les gens du dehors, le troupeau des non-initiés et des endormis. Ce n'est pas la dualité du Bien et du Mal mais celle de la Connaissance et de l'Ignorance. On cousine avec Pythagore, Platon, les prêtres égyptiens, les Esséniens, Plotin et aussi les yogis tibétains et les moines zen à condition que ces derniers demeurent inaccessibles dans des monastères mystérieux et inconnus à ne pas confondre avec les monastères dits « pour le public ». Si névrose signifie rupture avec le réel, illusion, mensonge intérieur, soumission à l'inconscient, puérilité, justifications abusives *et surtout souffrance*, il existe, hélas ! une « névrose du disciple » et une « névrose du maître ». Le seul remède est le courage de chercher et trouver un maître — un vrai — ce qui ne court pas les rues. Il n'y a pas d'injustice. Celui ou celle pour qui l'enseignement d'un gourou est aussi vital que l'oxygène de l'air trouvera toujours son maître au moment voulu.

Il y a une grande différence entre un mouvement et un maître, d'autant plus qu'il existe de nombreux mouvements... sans maître, ou avec un maître fort lointain. Peut-on concevoir un hôpital sans médecin et où les malades seraient soignés par d'autres malades ou, au mieux, par des étudiants en médecine ? La sadhana se vit seul à seul avec le maître, le maître qui n'est pas un autre que moi, qui est moi, mais moi éveillé, illuminé. C'est une longue succession de minutes de vérité souvent déchirantes. Cette chirurgie n'est pas possible en quelques instants, dans un groupe, donc en public, entre les questions des uns et des autres. Un gourou n'a pas des centaines, quand ce n'est pas des milliers, d'élèves à Paris, en province, à Londres, à New York, en Californie, en Suisse et au Brésil. Certes une seule rencontre avec certains êtres surhumains comme Ramana Maharshi, Ramdas, Ma Anandamayi, le Padre Pio, peut être une expérience déterminante. Il suffit aussi, parfois, d'un seul concert par un virtuose sublime pour ouvrir à quelqu'un le monde de la musique. Mais on ne devient soi-même musicien qu'en s'exerçant tous les jours, même si quelques génies et prodiges sont l'exception qui confirme la règle. La vraie sadhana est une entreprise longue, délicate et pleine de périls, qui se pratique selon des connaissances précises, prouvées, confirmées.

Un sage n'a pas d'autre mission que de répondre à ceux qui viennent chercher auprès de lui des directives pour s'éveiller au monde réel. Dès qu'un homme ou une femme considère qu'il a une œuvre à accomplir, que ce soit pour sauver l'humanité, pour préparer l'Ere du Verseau, pour apporter la lumière à notre siècle de ténèbres (kali yuga), etc., il ou elle se trouve prisonnier de l'action et de la réaction, du succès et de l'échec. La réussite de l'entreprise passe avant la soumission à la vérité. De tels enseignements se trouvent obligatoirement en concurrence les uns avec les autres, concurrence qui mène vite à la critique et à l'hostilité. Le triomphe de la cause devient une fin justifiant des moyens bien éloignés de la Voie.

Un très grand sage indien, Swami Ramdas, fort célèbre en son pays et attirant des visiteurs du monde entier, a raconté devant moi la petite histoire suivante. Comme beaucoup de jivan-muktas, il parlait de lui à la troisième personne. Ce jour-là, il a dit : « Quand des amis ont emmené Ramdas autour du monde, Ramdas a vu une fois en Amérique un appareil bien intéressant. » Il voulait parler des distributeurs automatiques, inconnus dans les villages de l'Inde. « Vous pouvez choisir ce que vous voulez : un sandwich, un gâteau, du chocolat, etc. Mais attention : il faut bien savoir ce que l'on veut, bien composer le numéro correspondant à ce que l'on veut, bien mettre la bonne pièce de monnaie dans la bonne fente. » Et il a conclu : « Ramdas est exactement comme ces appareils. Il ne désire rien, il n'a aucune ambition, aucun but. Il est là, tout simplement. A vous de l'utiliser en sachant ce que vous demandez et attendez de lui et quel prix vous devez payer pour qu'il vous soit possible de recevoir. C'est le disciple qui fait le maître. »

Cette attitude impersonnelle, je l'ai observée chez tous les vrais sages hindous, tibétains, soufis, zen que j'ai approchés.

Quant un maître, au contraire, poursuit un but,

aussi « élevé » ou « ésotérique » que soit celui-ci, ses élèves font vite passer ce but avant leur propre transformation, leur propre mort à eux-mêmes et renaissance, leur propre Libération. Tels qu'ils sont, non régénérés, dépendants, prisonniers, soumis aux dualités et aux émotions, ils militent et tiennent ainsi leur place dans le grand concert de la mésentente, de l'incompréhension et du conflit, tournant le dos à la voie et à la vérité.

Encore n'ai-je parlé que d'enseignements décents, transmettant au moins certaines connaissances. Mais je ne sais pas si le lecteur se doute du nombre de pseudo-maîtres, de faux maîtres et d'escrocs à la sagesse qui sévissent déjà en France et chez nos voisins.

Bien des faux maîtres attirent et conservent des disciples. Il n'est pas de semaine où je n'aie le témoignage d'une ou plusieurs personnes désabusées, souvent désespérées, après avoir eu foi en un enseignement. De même que « l'amour est aveugle », du moins l'amour-fascination, l'attirance vers le guide est généralement tout sauf consciente. Un homme, une femme, éprouve un manque, porte en son cœur une nostalgie. Pour des raisons inconscientes, il est fasciné par un « gourou » exactement comme on tombe amoureux. Et, par ses propres mécanismes de transfert et de projection, il fabrique l'émotion qu'il espère. Le voici brusquement comblé, d'autant plus que le maître sera plus adroit à tenir le rôle qu'on attend de lui : regards profonds, lourds silences, attitudes énigmatiques, références à des connaissances mystérieuses, etc., à un niveau plus ou moins grossier selon le style de l'enseignement et la clientèle qu'il attire. Ni la réussite professionnelle, ni l'instruction ne protègent contre ces mécanismes de fascination.

Les dons personnels, les pouvoirs psychiques, le magnétisme, même réels, ne sont, en eux-mêmes, garants ni de la sagesse, ni de la capacité à guider dans la voie spirituelle. Mais joue le mécanisme que les Tibétains appellent celui de la « dent de Bouddha ». Voici l'histoire. Autrefois, le rêve d'un Tibétain pieux était de se rendre en pèlerinage vers les hauts-lieux bouddhistes de l'Inde, Buddh'Gaya et Rajgir. Avant son départ, un jeune homme avait promis à sa mère une relique du Bouddha. Malheureusement les reliques du Bouddha sont comme les morceaux de la vraie Croix : même avec la meilleure bonne volonté du monde, il y a une limite et on ne peut pas en fabriquer autant qu'on veut... Le pèlerin oublia sa promesse jusqu'à son retour. Arrivé aux abords du village où sa mère l'attendait, il songea à la déception de celle-ci et, plein de compassion, décida un pieux mensonge. Voyant des ossements de chien sur le bord de la route, il arracha une dent à la mâchoire de ce squelette, l'enveloppa dans un morceau de soie et l'offrit à sa vieille maman comme très sainte et très précieuse dent du Bouddha. La pieuse dame fit exécuter une châsse par l'orfèvre du village et construire une chapelle digne de contenir une telle relique. Sa foi, sa conviction, sa ferveur, ses prières, puis celles des visiteurs de plus en plus nombreux, concentrèrent leurs forces sur la dent de chien qui produit toutes sortes de prodiges. Rien qu'à contempler la dent, les plus distraits entraient spontanément en méditation, les plus endurcis étaient touchés par la grâce, les plus désespérés trouvaient la paix du cœur.

Cette histoire est souvent citée par les Tibétains pour attribuer au mental des disciples bien des faits merveilleux. Ce qui est vrai chez eux l'est aussi chez nous. Que de « maîtres » sévissant en France n'ont pas plus de sagesse réelle que la dent du chien et servent de support à l'imagination de leurs admirateurs. Mais une dent de chien n'a pas d'ego. Elle se contente de concentrer et de réfléchir les aspirations inconscientes des fidèles. Les pseudo-maîtres ont un ego, et un ego particulièrement enfermé en lui-même. Ils bénéficient du mécanisme de la dent de chien mais ils y ajoutent leur intervention individuelle en un fantastique « contre-transfert » qui, à chaque nouveau succès de leur enseignement, renforce un peu plus les murs de leur propre prison et l'illusion de leurs disciples.

Lorsqu'on fait partie d'un groupe ou d'une secte, lorsqu'on a investi sur cette secte tout un réseau de désirs et de peurs inconscientes *(vasana)*, on se trouve lié à elle par une force puissante et il paraît impossible d'envisager même la vie sans la confrérie, hors de la confrérie. Il ne s'agit plus de la Vérité, de la Libération et de la Sagesse en elles-mêmes, mais du mouvement ou de la communauté particulière, humaine et relative, à laquelle on appartient. De même qu'un homme amoureux d'une femme égoïste ou une femme amoureuse d'un homme égoïste préfèrent souffrir et se laisser détruire plutôt que rompre, de même les élèves ne peuvent pas se détacher d'un enseignement qui les mène à une impasse toujours plus déchirante. Pourquoi ? Parce que les uns comme les autres se sont d'abord sentis comblés. Ce à quoi ils aspiraient, ce qu'ils attendaient, a été brusquement satisfait. Ils ont été touchés à la racine inconsciente de leurs désirs et de leurs craintes. Par là même, ils deviennent aveugles et sourds. La possibilité de voir et d'entendre ne leur sera rendue qu'au prix de beaucoup de courage et par la grâce d'inévitables souffrances.

Il eut été apparemment plus « neutre » de ma part de ne pas exprimer ces dures vérités. Je sais quel service me fut rendu quand ce que je viens d'écrire m'a été montré à moi-même en pleine lumière et quelle dette de gratitude j'éprouve à cet égard. Tout ce qui peut guérir peut aussi, mal utilisé, aggraver la maladie. La « maladie de l'ego » s'aggrave facilement avec des idées métaphysiques et des exercices de concentration. Je ne formule d'ailleurs aucun jugement. *Tout ce qui existe a ses raisons d'exister et joue un rôle dans l'ensemble de la Manifestation.* Ce qui apparaît comme bien ou mal, favorable ou défavorable, a un sens qui échappe toujours à la mentalité dualiste. Juger, c'est d'abord se condamner soi-même au jugement, refermer sur soi la porte de la prison. Comprendre, c'est rechercher les causes derrière les effets.

Et, si l'on comprend, on ne peut plus ne pas aimer.

## 3

## SE DÉLIVRER DU BIEN

De toutes les dualités, une est particulièrement subtile et particulièrement puissante pour nous maintenir dans la servitude, c'est celle du bien et du mal. Bien et mal sont d'ailleurs intimement liés à beau et laid. Une mauvaise action est qualifiée d'affreuse au même titre qu'une peinture jugée inesthétique. On dit à un enfant : « C'est très laid ce que tu as fait là », et on parle d'un beau geste.

Le Bien autant que le Mal est un obstacle à la Libération. « L'enfer est pavé de bonnes intentions. » C'est au nom du Bien que les hommes se font du mal. Le Bien est un des piliers de l'égoïsme, de l'incompréhension et de la souffrance.

Ayant moi-même reçu une éducation fondée sur l'opposition du bien et du mal et sur la division de l'humanité entre les bons et les méchants, je sais pertinemment combien ce que j'écris là peut paraître choquant à un Européen ou à un Chrétien.

L'anglais, langue dans laquelle j'ai entendu les enseignements orientaux que j'ai reconnus pour vrais, utilise les seuls mots *good* et *bad* pour « bien » et « mal » et pour « bon » et « mauvais », ce qui demande à un Français une particulière rigueur dans son approche.

En soi, ou métaphysiquement parlant, tout fait est neutre et ne devient bon ou mauvais qu'en fonction de celui qui l'envisage. C'est le mental qui projette sur les faits ses propres conceptions et les qualifie intrinsèquement de bons ou mauvais, comme si la même chose était toujours bonne ou toujours mauvaise, pour tout le monde, en tout lieu, à tout moment et en toute circonstance. Le bien et le mal sont, au contraire, des notions aussi dépendantes et relatives que tous les autres phénomènes.

Une première distinction doit être établie selon que les faits considérés comme le bien et le mal sont des événements naturels ou des actions humaines.

Le soleil, le feu, la pluie sont neutres. « Le soleil brille sur les bons comme sur les méchants. » Certains s'en servent pour attraper la tuberculose dans leur frénésie de vouloir brunir. Le feu cuit les aliments de l'un et brûle grièvement la main d'un autre. La même pluie jugée bonne par un agriculteur est qualifiée de mauvaise par un campeur. Un proverbe français dit : « Ce qui fait le bonheur des uns fait le malheur des autres. »

En ce qui concerne les catastrophes naturelles : tremblements de terre, inondations, incendies spontanés, s'ils nous paraissent échapper à toute possibilité d'intervention humaine, nous les reconnaissons comme inévitables. En soi ils ne relèvent d'aucune intention que nous puissions considérer comme méchante. Afin de pouvoir attribuer cette intention à quelqu'un, à une volonté individuelle, les hommes ont conçu les dieux anthropomorphiques ou même un Dieu personnel que l'on rend directeemnt responsable de ces calamités. Pour continuer à Le considérer comme « juste et bon », il faut s'ingénier à découvrir de quels crimes humains ces fléaux sont le châtiment ou quel bienfait indirect ils apportent à leurs victimes.

Si les malheurs qui s'opposent à nos désirs ou lèsent nos intérêts sont des initiatives humaines, celles-ci sont immédiatement décrétées mauvaises, considérées comme le mal. Mais là encore les appréciations demeurent subjectives.

Tant que les buts des hommes seront relatifs, les notions de bien et de mal seront tout aussi relatives. Pendant la Révolution Russe le bien n'était pas le même pour les soviets et pour les moines orthodoxes ; dans la polémique de l'avortement le bien n'est pas le même pour les médecins catholiques et pour les sympathisants de « l'émancipation féminine » ; à l'intérieur du Marxisme le bien n'est pas le même pour les Maoïstes et pour les membres du Parti Communiste Français ; à l'intérieur du Catholicisme romain pour les intégristes et pour le clergé progressiste. Je pourrais, vous pourriez, multiplier les exemples à l'infini. Ce que nous appelons l'Histoire est la chronique des conceptions opposées que les hommes se sont faites du bien et du mal. La preuve la plus éclatante en est donnée par les guerres, qu'elles soient civiles ou internationales. Chaque camp adverse prétend défendre le bien contre le mal représenté par ses ennemis. Pendant la Première Guerre mondiale des évêques français et allemands appartenant à la même Eglise « catholique », relevant de l'autorité du même Souverain Pontife, ont prié le même Dieu pour la victoire de leurs concitoyens. Lorsque les chrétiens alliés pleuraient une défaite les chrétiens allemands remerciaient Dieu d'un succès et inversement, avec autant de certitude et de conviction dans les deux camps.

J'écris ces lignes en Inde, au début de l'été 71. Tout le pays est bouleversé par l'afflux de huit millions de réfugiés venus du « Bangla Desh », le Pakistan Oriental. Malgré des élections régulières qui ont exprimé le désir d'autonomie de la quasi-totalité des Pakistanais bengalis, l'armée du gouvernement d'Islamabad attaque les villes et villages et décime les populations. Pour les Indiens, le général Yahia Khan fait le mal. Mais pour des millions de Pakistanais de l'Ouest, il fait le bien, préservant l'unité du pays et l'intégrité de la patrie, défendant la culture musulmane contre la subversion des Pakistanais hindous du Bengale.

Les codes, les lois religieuses, les morales sont aussi variables à travers les temps, les civilisations et les

« cultures », ce mot si à la mode. Chacun voit, juge, approuve ou condamne subjectivement à travers la morale dans laquelle il a été élevé, que ce soit en la prenant à son compte ou en s'y opposant par réaction.

Il n'y a en tout cela aucune liberté et aucune espérance d'aucune « Libération ».

Et pourtant, si certaines règles de morale sont contingentes et contredites par d'autres, l'étude approfondie des doctrines traditionnelles, l'étude de l'application des principes spirituels aux réalités sociales, révèle une étonnante convergence entre les traditions différentes. Fondamentalement, derrière des formes parfois contradictoires, le *dharma* (l'ordre) a été le même dans toutes les sociétés de l'être. Il a fallu l'aberration intellectuelle moderne pour que n'importe qui puisse enseigner n'importe quoi, avec le plaisir d'avoir des idées originales, différentes de celles des autres, et pour que le sens des ordres traditionnels soit complètement méconnu. On oppose la lettre en ignorant l'esprit. C'est la lettre qui devient le bien ou le mal, alors qu'en vérité des coutumes contradictoires visaient aux mêmes résultats : l'harmonie entre l'homme et les lois naturelles, l'indépendance intérieure, la possibilité de s'exprimer et de croître, la liberté vis-à-vis de l'avoir.

⁂

Lorsque nous qualifions un acte humain de mauvais — par opposition à bon — c'est toujours parce que nous faisons intervenir une notion de responsabilité : « Il aurait dû faire autrement », ce qui implique : « Il aurait pu faire autrement. » Alors intervient notre jugement de valeur. Nous attribuons la responsabilité aux autres parce que nous leur attribuons, comme à nous, la vision objective des faits et la liberté d'action. Il n'y a de bien ou de mal, en ce sens, que si nos actes sont libres. Nous voilà donc amenés devant le problème du libre-arbitre bien connu de tous les élèves de Philosophie. Depuis des millénaires, les doctrines traditionnelles du Védanta et du Bouddhisme ont eu aussi leur mot à dire sur cette question. Un mot qui n'est pas le fruit des suppositions métaphysiques et des inventions philosophiques mais celui d'une étude rigoureuse en matière de « connaissance de soi », de loin la plus importante de toutes les sciences. Ces enseignements ont prouvé et peuvent continuer à prouver à ceux qui veulent étudier et voir qu'il y a une imbrisable chaîne de causes et d'effets et que tout arrive parce que cela ne pouvait pas arriver autrement.

Il n'y a pas de liberté et c'est pour cela que le mot-clé de toutes les ascèses a toujours été celui de « Libération » (*moksha* ou *mukti*). La liberté n'est pas du tout là où nous pensons qu'elle est ou qu'elle peut être.

Voilà pourquoi le Christ a dit de ceux qui le

mettaient à mort : « Ils ne savent pas ce qu'ils font », pourquoi Il a dit aussi : « Ne jugez pas. » Le médecin ne reproche pas à l'homme qui souffre d'un ictère d'avoir la peau jaune ni de tousser à celui qui a une bronchite. Si un homme a compris que sa femme est prisonnière d'une névrose, il ne condamne plus son comportement affectif ou sexuel anormal et même frustrant pour lui. Il comprend que, parce qu'un certain nombre de causes, de conditions et de circonstances sont réunies, cette personne, son épouse, ne peut pas ne pas agir de cette façon.

Il en est toujours ainsi. Peut-être le mari de la femme névrosée admet-il les sautes d'humeur, les caprices, les refus, la violence de son épouse, toutes actions qu'un observateur moins clairvoyant et plus prompt à juger aurait qualifiées de « mauvaises » : injustes, méchantes, cruelles, égoïstes. Mais peut-être pense-t-il aussi : « Elle devrait s'efforcer de changer, elle devrait entreprendre une psychothérapie », que sais-je. Or il est possible que, un certain nombre de causes, de conditions et de circonstances étant réunies, cette femme ne puisse justement pas vouloir changer, pas vouloir envisager un traitement. Cela aussi il faut l'accepter.

Toute qualification de bien ou de mal, tout jugement, appliqués à un acte humain est faussement, illusoirement, fondé sur : « Il devrait » ou « Il aurait dû », donc sur « Il pourrait » ou « Il aurait pu », c'est-à-dire sur une liberté qui n'existe pas, absolument pas, pour l'homme non « libéré ».

***

Toute cette question des opposés en général et du bien ou du mal en particulier est si délicate, apparemment si complexe même si elle est en fait si simple, qu'avant de « passer à travers » *(to break through)* d'un seul coup nous devons d'abord la cerner peu à peu.

S'il nous est difficile de juger quelqu'un et de dire qu'il fait le mal, il nous est difficile aussi d'apprécier, dans chaque cas, ce qui est le bien et ce qui est le mal.

Et d'abord en fonction de quel critère ? La douleur dans les bras que ressent une ménagère portant des sacs de provisions trop lourds est considérée comme un mal ; la douleur dans les bras que ressent un culturiste manœuvrant de lourdes haltères est considérée comme un bien. Le bien et le mal s'apprécient toujours en fonction d'un but particulier ou général, immédiat ou lointain, en fonction d'un sens donné à l'existence humaine ou même à la Manifestation universelle dans son ensemble. Pour quoi est-ce que je vis ? Qu'est-ce que je veux ? Il s'en faut de loin, de bien loin, que tous les hommes soient d'accord sur ce point. Tous cherchent à éviter la souffrance et à trouver le bonheur pour eux-mêmes.

Beaucoup cherchent aussi à diminuer la souffrance des autres et à augmenter le bonheur de ceux-ci. Le bien et le mal s'apprécient alors en tant que causes de bonheur ou causes de souffrance.

Oui. Mais qu'est-ce que le bonheur ?

Ce qui fait mon bonheur (ou mon malheur) à moi fait-il aussi celui des autres ?

Où et comment vais-je trouver mon véritable bonheur ?

Ce qui paraît aujourd'hui un bonheur n'est-il pas la source d'une souffrance future et inversement ? « Toutes choses concourent au bien de ceux qui aiment Dieu. » Comment savoir ce qui concourt à mon bien ? Comment savoir objectivement ce qui concourt au bien des autres ou plutôt de chaque autre personnellement ?

Le problème du bien et du mal, s'il soulève la question de la liberté de choix, pose aussi celle du bonheur et de la souffrance, qui paraît évidente à une observation superficielle *mais qui est, au contraire l'Ignorance fondamentale dont traite toute la connaissance traditionnelle ou ésotérique.* Bonheur opposé à souffrance est encore une dualité. La seule « béatitude » ou « félicité » durable transcende tout bonheur, comme toute peine, produit par une cause.

Le bien et le mal ne sont pas deux entités indépendantes. Si je courbe une plaque ou une feuille je ne peux pas avoir le concave d'un côté sans avoir le convexe de l'autre. Si je pose le bien, par là même je pose aussi le mal. Bien et mal sont une bipolarité : le bien est le positif, le mal le négatif qui vient nier (négation) le positif. C'est la loi naturelle.

Il en est de même de la joie et de la souffrance. « *Dukha* (la douleur) et *sukha* (le bonheur) sont deux jumeaux », dit-on en Inde. Nous penserions facilement : Plus il y a de plaisir moins il y a de peine. Donc : Augmentons le plaisir et nous diminuerons la peine. C'est le contraire : Plus il y a de plaisir, plus il y a de peine. Une chose ou un être peut nous faire souffrir à la mesure du bonheur qu'il peut nous donner. Les peines de cœur — qui ont conduit au meurtre et au suicide — en sont une illustration patente. Pour parler comme les mathématiciens nous pouvons dire que la joie est la variable indépendante et la souffrance la variable dépendante. De même le Bien est la variable indépendante, le Mal la variable dépendante.

***

Faute de posséder la Connaissance (avec un C majuscule) dont parlent tous les enseignements traditionnels, ou faute d'être guidés par quelqu'un qui incarne cette Connaissance, les hommes, religieux ou non, cherchent leur bien-être et leur bonheur de façon aveugle et insensée, *de façon ignorante.*

Arrivé là je raconterai une petite histoire, ou plutôt une interminable histoire, dont le début suffira à notre propos. Elle est d'origine musulmane et concerne sinon un sage *(the Sage)* du moins un homme sage *(the wise man).*

Dans un village pauvre mais non misérable comme il en a existé et comme il en existe toujours dans toute l'Asie, un brave paysan trouva un matin une jument qui broutait l'herbe de son jardin. Enquête faite, aucune jument n'avait été perdue dans les villages des alentours, personne ne réclamait celle-ci, elle était vraiment un don du Ciel. Comme il s'agissait d'une fort belle bête, jeune, saine et robuste, tous les fermiers du coin vinrent congratuler (et jalouser) l'heureux propriétaire : « Ah ! Comme Allah — gloire à Lui, le Miséricordieux, le Compatissant — doit t'aimer, comme tu dois être méritant, pour qu'Il te bénisse et te favorise ainsi. »

Notre ami se contenta de répondre seulement : « Hê, hê », en hochant la tête et en faisant un geste évasif de la main. Mais il donna son âne unique à un saint fakir errant qui passait justement par ici ce jour-là.

Une semaine plus tard, un beau matin (ou un triste matin), plus de jument. Celle-ci avait réussi à se sauver pendant la nuit et toutes les recherches furent vaines. On ne retrouva nulle part la magnifique bête. Les villageois pleins de commisération (ou de méchante joie) vinrent se lamenter pour le compte de notre paysan. « Comme Allah — gloire soit à Lui, le Miséricordieux, le Compatissant —, est cruel avec toi : tu n'as même plus ton âne. Toi et ton grand fils allez trimer comme des bêtes de somme. » Mais notre ami se contenta de répondre seulement : « Hê, hê », en hochant la tête et en faisant un geste évasif de la main. Et lui et son fils portèrent leurs fardeaux sur le dos.

Après huit jours, un beau matin, non seulement la jument était revenue mais elle avait ramené son poulain, un jeune mâle plein de santé qui gambade et rue autour de sa mère. Tous les hommes du village accourent, s'émerveillent (ou tournent à l'aigre) et s'exclament : « Ah ! comme Allah — gloire soit à Lui, le Miséricordieux, le Compatissant — doit apprécier le don que tu as fait au fakir. Non seulement tu as retrouvé ta jument mais, plus tard, avec les saillies de son petit, tu seras comblé de cadeaux. »

Notre ami se contenta de répondre : « Hê, hê » en hochant la tête et en faisant un geste évasif de la main.

Huit jours après, alors que le bien-aimé fils unique du paysan tentait de dresser un peu le fougueux poulain, une ruade de celui-ci blessa gravement le jeune homme : fracture ouverte d'un tibia et d'un péroné qui, en ce temps-là et dans ce village-là, ne se soignait pas comme aujourd'hui dans un Service de Chirurgie. L'accident ameuta les paysans des alentours qui recommencèrent leurs lamentations (ou leur méchante satisfaction) : « Ah ! comme Allah — gloire soit à Lui, le Miséricordieux, le Compatissant — t'éprouve durement. Ton fils, ton seul fils. boiteux jusqu'à la fin de sa vie, la jambe tordue ! Qui sera maintenant le secours de tes vieux jours ? » Mais notre ami dit seulement : « Hê, hê », deux fois, tout en hochant la tête et en faisant de la main un geste évasif.

Les jours suivants, de bien mauvaises nouvelles commencèrent à arriver au village. On parlait de guerre et de levée de troupes. Tant et si bien qu'au bout de la semaine les officiers recruteurs du Seigneur local vinrent mobiliser tous les jeunes gens valides pour un combat dont ils risquaient fort de ne point revenir ou de revenir gravement mutilés. Seul fut exempté le garçon blessé. Et tous les villageois de se désespérer : « Nos fils nous sont enlevés. Mieux vaut un garçon boiteux que pas de garçon du tout. Ah ! comme Allah — gloire soit à Lui, le Miséricordieux, le Compatissant — dans Sa grande sagesse a été prévoyant pour t'éviter notre dure épreuve. Combien doit-Il t'aimer pour te favoriser ainsi. » Et notre ami répondit seulement : « Hê, hê » en hochant la tête et en faisant un geste évasif de la main.

Cette fort instructive histoire peut durer toute la nuit et je m'en tiendrai là. Elle nous montre deux choses. La première est que le paysan aurait pu, bien inutilement, être emporté par ses émotions de semaine en semaine et passer alternativement de la joie à la tristesse, comme tout le monde le fait tout le temps. La seconde est que nous ne savons pas ce qui concourt à notre bien et ce qui concourt à notre mal. Cette connaissance demande une vue à longue portée du mécanisme des causes et des effets, domaine dans lequel l'être humain ordinaire est aussi myope qu'une taupe. Si des sauvages du centre de la Nouvelle-Guinée voyaient des hommes revêtus d'un masque blanc attacher un malheureux à une table, lui ouvrir le ventre, et lui découper un morceau d'entrailles, ils en concluraient qu'il s'agit pour la victime du mal par excellence. Nous nous réjouissons, dans notre désir du bien du malade, à l'idée qu'il est opéré de son kyste ou de sa tumeur.

***

« Le Bien est ce qui contribue au bien des hommes (et éventuellement des animaux), le Mal ce qui contribue à leur mal. » Peut-être. Mais qu'est-ce que leur bien et qu'est-ce que leur mal ?

Regardons-y d'un peu plus près.

Toute cette question est imprégnée de mensonges et d'hypocrisie et la subjectivité individuelle de chacun s'y donne à cœur joie... ou à cœur peine.

Il n'y a de bien et de mal qu'en fonction d'un but. Ce but, dit-on, est le bonheur ou « la disparition de la souffrance ». Veut-on parler d'un bonheur définitif et permanent, sans ombres et sans restrictions, ou d'une plus ou moins grande quantité de bonheur ? Existe-t-il un bonheur individuel qui ne serait pas terni par la vision ou l'idée de la souffrance des autres ?

Si joie et peine sont des émotions bien précises pour celui qui les éprouve, les causes de leur apparition sont, intellectuellement, des notions vagues et contradictoires sur lesquelles les hommes n'ont jamais été d'accord. « Chacun prend son plaisir où il le trouve. » Le désir du bonheur se manifeste à travers les formes les plus diverses, les plus contradictoires, et souvent, selon l'opinion des uns ou des autres, les formes les plus étranges, aberrantes, perverties. Une étude attentive nous montre que derrière toutes les actions des hommes se retrouve un unique motif : le bonheur. Ou, plus exactement, si l'on y regarde bien : échapper à la souffrance, depuis le malaise ou le simple ennui jusqu'à l'angoisse ou la terreur. Tout plaisir apparaît comme la suppression d'une souffrance ou d'une gêne — jusqu'à la prochaine fois. En la matière, la capacité de l'homme à ne pas tirer la leçon des expériences passées paraît sans limites. Le maintien dans la souffrance est dû à une fausse vision des choses, à une « ignorance » prenant la forme d'un savoir erroné, d'une croyance mensongère.

Pour l'homme ordinaire le problème du bonheur, donc le problème du bien, n'est que l'expression du jeu des désirs : désirs « égoïstes » ou « altruistes », « nobles » ou « vulgaires ». L'existence, c'est le désir, soit positif : avoir ou être ceci, soit négatif : ne pas avoir ou ne pas être cela. L'analyse de la souffrance par le Bouddha ne dit pas autre chose : avoir ce que l'on n'aime pas (vieillesse, maladie, mort, etc.) est souffrance ; ne pas avoir ce que l'on aime, ce par quoi on est attiré, est souffrance. Le mal est alors ce qui s'oppose à la satisfaction des désirs. Comment celui qui aspire à la Libération et qui s'engage sur le chemin de la sagesse peut-il conquérir sa propre liberté au sein de sa propre opposition subjective du Bien et du Mal ? Tout le secret est qu'il n'a pas à conquérir cette Liberté : il a seulement à la retrouver en comprenant comment il l'a perdue.

Comme je l'ai expliqué dans le Tome I de cet ouvrage, le moi limité, par une inversion complète de la vérité supramentale, caricature le « Je » illimité et prétend : « Seulement moi », « Tout le monde est moi. » Le moi limité veut se faire infini. Mais si, aujourd'hui, j'affirme : « Je suis », je dois accepter que tous les autres affirment aussi : « Je suis » et l'affirment aussi fort que moi. En acceptant complètement leur propre « Je suis » individuel, je deviens un avec eux. Je peux voir, non sans une immense sympathie, comment chacun est prisonnier de son « moi ». Ce « moi » est la cause de l'aveuglement, de l'erreur, la vraie cause, la seule cause de toute la souffrance. Plus ce moi est contraignant, hypertrophié, plus l'être humain est condamné à se tromper, à errer, à faire souffrir et à souffrir. Il ne peut voir que ce qui s'accorde avec ses conceptions et ses idées, aveugle et sourd à tout ce qui vient les contredire. Il est incapable d'apprendre les leçons de l'existence, incapable de progresser.

Un tel ego hypertrophié est crispé sur sa conception — enracinée dans l'inconscient — du bien et du mal. Il aura des réactions émotionnelles dites « altruistes » très fortes, mais on ne peut pas attendre de lui des actes clairvoyants et responsables en faveur des autres. Au contraire, pour tenter d'échapper à sa souffrance (et dans son aveuglement ou, tout au moins, sa vision déformée) un tel être est susceptible de faire le plus grand tort à son prochain. « Père, pardonne-leur, car ils ne savent ce qu'ils font. »

A la limite nous rencontrons les actes qui nous choquent le plus : vol, viol, crime, brutalité envers les enfants. Mais il y a aussi les actions que nous avons nous-mêmes commises et dont nous n'avons jamais pu voir ni même soupçonner quelles souffrances elles ont causé à autrui. Il faut être véritablement engagé sur le chemin de la sagesse et éclairé par un guide lui-même libre, pour devenir un peu objectif et neutre à l'égard de son propre comportement passé ou présent.

Aucun homme n'agit jamais avec la certitude que ce qu'il fait est mal. Certes, il peut savoir que son acte est contraire à la conception du bien et du mal qui lui a été enseignée ou contraire à la conception prévalente dans la société où il vit. Certes, avant de commettre l'acte, il peut avoir des doutes ou se sentir divisé et, après l'avoir commis, considérer qu'il a fait une erreur, éprouver un remords, etc. Mais sur le moment un être ne peut agir et n'agit que si son acte lui apparaît comme le bien dans la circonstance immédiate s'il se sent justifié à le commettre. Dans la confusion, l'incertitude, il ne peut y avoir action. A l'instant même d'agir il faut une décision positive : « Il est important pour moi d'agir ainsi », « Je vais en obtenir un résultat qui a pour moi une valeur. » Personne n'a jamais « fait le mal », personne n'a jamais délibérément « commis un péché ». Quoi que ce soit que l'on fasse, à l'instant de l'acte, on le fait avec la certitude que c'est juste et bénéfique. « Je dois le faire » et même : « Je ne peux pas ne pas le faire. » Sinon, on ne le ferait pas. Parce qu'une série de causes a amené un homme à cette situation intérieure et extérieure, cet homme est obligé d'agir ainsi. Et s'il agissait autrement c'est qu'il serait obligé d'agir autrement. « Il pouvait choisir », « Il a choisi », dira-t-on. Tel qu'il était situé, en lui-même et par rapport au contexte, tel qu'il pensait, telle qu'était son émotion, il ne pouvait pas ne pas choisir ainsi. Sinon il eût choisi différemment. Plus la « faute » paraît grande, contraire à la morale courante, prometteuse de conséquences néfastes, plus ce que j'exprime là est évident. L'homme agit selon le bien tel qu'il le comprend à chaque instant. C'est pourquoi personne ne peut juger ni censurer personne. Nous pouvons seulement comprendre, voir : Pourquoi et pour quoi a-t-il, a-t-elle, fait ceci ou cela ? Nous pouvons voir : telle était la condition au moment où l'acte a été commis. Alors, immédiatement et quel que soit l'acte, nous éprouvons un sentiment de sympathie. Il n'est plus question de juger quelqu'un qui n'est pas responsable. Quand nous jugeons, nous jugeons selon notre étalon à nous, nos critères à nous. En vérité je n'ai aucun droit à juger un autre. Juger est toujours une illusion et un mensonge. La seule vérité est d'essayer de se mettre à la place de l'autre. D'ailleurs on juge d'autant plus les autres qu'on ne veut pas se juger soi-même et celui qui peut se juger lui-même ne peut jamais juger un autre. Se juger soi-même ne signifie pas se condamner mais apprécier son comportement en fonction de l'intérêt général et non de son intérêt individuel.

Ainsi, en tant qu'acte, ou métaphysiquement parlant, aucun comportement humain ne peut être jugé ou condamné. « Père, pardonne-leur car ils ne savent ce qu'ils font. » Aucun acte jamais ne peut choquer un sage ni diminuer son amour pour tous les êtres, expression de son unité avec tous les êtres. Par contre si en tant qu'« acte » un geste est toujours juste, en tant qu'« action » il ne l'est pas toujours. Toute action entraîne des conséquences pour son auteur et pour les autres et ces conséquences peuvent être traumatisantes, contraires au progrès personnel et à la croissance intérieure, créatrices de souffrances inutiles, etc. Prévoir les conséquences véritables de ses actions demande l'objectivité et la vision juste dont l'homme ordinaire est plus ou moins complètement dépourvu. Il arrive qu'un acte apparemment scandaleux ou immoral n'ait que peu de conséquences négatives et un certain nombre de conséquences positives (meilleure compréhension, plus de maturité, diminution de l'égoïsme ou de l'infantilisme) et il arrive qu'un acte que la morale approuve fasse beaucoup de tort et un tort durable.

Le lecteur trouvera peut-être que ma description de l'homme ordinaire est injustement sévère. Je sais, pour être passé par là, que nous n'aimons pas voir attaquer l'opinion favorable que nous avons de nous-même. Mais je suis bien obligé de dire que, si tous les Enseignements traditionnels présentant l'homme accompli comme le sommet de la Création (« Toi aussi tu es Cela »), ils n'en sont pas moins impitoyablement rigoureux dans leur description de l'homme « aveugle », « sourd », « paralysé », « endormi », « divisé contre lui-même », « mort » (« Laissez les morts ensevelir leurs morts »), « ignorant », et « ne sachant pas ce qu'il fait ».

Aucun homme ne pourrait supporter de se voir tout à coup tel qu'il est par rapport à ce qu'il imagine être. Mais c'est en se cramponnant à cette imagination illusoire qu'il se condamne lui-même à demeurer dans la souffrance et toutes les réactions aveugles à la souffrance.

*
* *

L'hypertrophie de l'ego n'est pas spontanée. Elle est elle-même une réaction. Et, aussi paradoxal que cela puisse paraître, une réaction dont la notion du Bien et du Mal est souvent responsable.

Un petit enfant n'a pas d'ego. Mais il n'en est pas un sage pour cela. Il porte en lui toutes les potentialités de l'ego qui n'existent que chez le sage. Pour aller de l'enfant au sage, il faut passer par l'ego, c'est le mouvement naturel. Mais l'ego hypertrophié est une réaction de la nature à la négation de l'ego de l'enfant par le milieu familial ou scolaire, par les parents ou les éducateurs. Si l'ego de l'enfant est reconnu, l'enfant reconnaîtra facilement les egos des autres. Si l'ego de l'enfant est nié, il niera les egos des autres. Or, en dehors des traumatismes précis par lesquels l'enfant, ou même le petit enfant, s'est senti nié, refusé une fois pour toutes, beaucoup d'enfants sont empêchés de s'exprimer naturellement, ou d'exprimer leur nature, parce que tout leur comportement est jugé et leur est présenté en termes de Bien et de Mal.

Inutile de dire que de tels enfants sont à la fois fascinés et effrayés par tout ce qui peut représenter une possibilité d'expression spontanée. Si une personne revêtue de l'autorité et de la sanction du « bien » — un maître d'école, un oncle, un professeur, un adulte honoré — les reconnaît dans leur besoin d'affirmation et les aide à croître, à grandir, ils éprouveront pour celui ou celle-ci un amour difficilement compréhensible aux observateurs extérieurs.

La façon dont les parents et les pédagogues imposent à l'enfant leur propre conception du bien et du mal est certainement tragique. D'autant plus que l'enfant commence toujours par croire que ses père et mère sont parfaits, « absolus ». Lorsqu'il est contraint de voir la vérité, de constater que tel de ses parents (ou les deux) est faillible et relatif, c'est toujours un drame pour lui. C'est pourquoi une éducation juste prépare les enfants à cette découverte. Tout petit déjà l'enfant apprend peu à peu que ses parents s'efforcent eux aussi de progresser et de chercher la Vérité.

Que l'être humain aspire à l'Absolu c'est naturel. Mais il n'y a pas de demi-mesure : seul l'Absolu est absolu. En cet Absolu seulement l'homme trouve sa sécurité parfaite, son accomplissement parfait. Ce seul Absolu, celui du Sage, étant inaccessible à l'enfant, ses parents lui en tiennent lieu. Si l'enfant ne peut pas accepter de vivre dans la relativité, s'il n'a pas trouvé en lui la confiance qui lui permet de s'insérer dans le monde relatif, lorsque ses parents perdront leur caractère d'absolu, il projettera celui-ci dans sa conception du Bien et du Mal. Mais ni le bien ni le mal ne sont l'Absolu et cette qualification abusive fait d'eux une prison. Il va sans dire que cette conception du Bien et du Mal n'est pas due exclusivement aux parents mais aussi aux règles, coutumes, usages, traditions de la Société dans laquelle grandit l'enfant et, plus particulièrement, de sa classe ou de son milieu social.

Les adultes ne devraient jamais dire à un enfant : « C'est bien », ou : « C'est mal », mais lui montrer calmement ce qu'il peut voir et comprendre de la vérité. Un enfant aime une chose : un magazine, un jeu, une histoire. Il n'y voit aucun mal. Au contraire, pour lui, c'est bien. Aujourd'hui, tel qu'il est, cela correspond à quelque chose d'important pour lui. Et, brusquement, on lui dit : « C'est mal. » Naturellement, cette injonction crée en lui un dualisme entre : « moi je trouve ça bien » et : « c'est mal ». Que l'enfant aime ses parents sans arrière-pensée ou qu'il ait une rancune à l'égard de celui qui intervient, sa personnalité sera également divisée. En outre les parents, à cette occasion, manifestent souvent leur émotion : déception, colère, tristesse, indignation. Un enfant est toujours affecté par les émotions de ses père et mère. Il ne peut y avoir éducation que si l'adulte est absolument neutre et calme.

Il est indispensable qu'un enfant, même en grandissant, puisse tout dire et exprimer à ses parents — ou à l'un d'entre eux — sans avoir jamais le sentiment d'être jugé ou incompris. Si l'enfant peut parler librement, cinquante pour cent du charme ou du pouvoir de ce qu'il a *ex-primé* s'évanouit. On comprend l'importance que cela peut avoir pour tant de découvertes, tant de choses vues et entendues hors de la maison, qui troublent l'enfant ou l'adolescent, qui l'attirent et lui font peur en même temps. Or l'enfant ne se sentira libre de tout raconter que si les parents l'écoutent et lui répondent toujours sans émotion, sans montrer de préférences individuelles, avec une attitude que j'appellerai scientifique : voici les faits que l'enfant ignore encore, voyons ensemble ce qu'il en est, quelles sont les causes de ce que l'enfant rapporte, quelles en sont les conséquences. Ceci n'est pas autre chose d'ailleurs que l'attitude d'un maître avec un disciple.

Chaque fois que c'est possible, au lieu de *dire* à un enfant il faut lui *montrer*. Par exemple, un petit enfant voit de belles braises rouges et veut en saisir une avec sa main. Bien entendu il n'est pas question de le laisser se brûler gravement. L'adulte peut prendre sa main dans la sienne et l'approcher tout doucement du foyer, donc l'accompagner dans son désir au lieu de lui dire non. Peu à peu l'enfant va sentir la chaleur augmenter : « Tu vois, cela brûle. » Alors enfant et père (ou mère) tombent ensemble d'accord qu'il est préférable de ne pas saisir le charbon incandescent. Ceci s'applique à tout ce qui attire et fait envie.

Les parents ne devraient jamais oublier que, plus

importante que le fait lui-même, est la façon dont l'enfant l'assimile. Le même accident impressionnant, la même photo choquante, la même histoire déplacée, la même nouvelle terrible que voit ou entend l'enfant n'est pas celle que voit ou entend son père ni celle que voit ou entend sa mère, car ils n'ont pas les mêmes références latentes et ne font pas les mêmes comparaisons inconscientes. Ce qui impressionne peut-être les parents peut ne laisser aucune impression sur l'enfant. En fait, pour un petit enfant normal, la plupart des expériences ne font que passer. Il remarque une chose, il en remarque une autre, encore une autre, et ainsi de suite. Tant qu'il ne s'identifie pas, il n'est pas affecté. Par contre ce qui ne « passe » pas, ce qui le marque, c'est la réaction des parents, l'importance qu'ils attachent à l'événement. Un père indien avait emmené sa fille à peine adolescente voir un film anglais. En Inde, non seulement personne ne s'embrasse jamais en public, mais il n'y a jamais de « baiser de cinéma » dans les films indiens. Voir un homme et une femme s'embrasser sur la bouche est donc inconcevable et le film anglais en question comprenait un certain nombre de ces enlacements admis en Europe. Il y avait de quoi choquer ou troubler la jeune fille. Le père fit allusion à ces scènes qui lui causaient quelque souci. Sa fille répondit simplement : « Mais c'est un film anglais ! » Elle était aussi peu concernée qu'une adolescente française le serait par une cérémonie de pygmées africains dans un documentaire. Aucune identification n'avait été possible. Par contre elle eût été certainement très mal à l'aise de voir tout à coup la même image dans un film indien. Si son père avait lui-même réagi, au contraire, alors et alors seulement, la jeune fille se serait tout à coup sentie personnellement impliquée.

Puisque je parle de l'adolescence, je veux préciser qu'un des effets déplorables de la prétendue civilisation contemporaine est de faire disparaître cet âge si particulier et si important. Interdire quelques films au moins de dix-huit ans n'y change rien. L'adolescence est (ou était) le privilège de l'être humain. Un âge presque sans égoïsme, où l'individualité s'ouvre à tout ce qui existe dans le monde et découvre le sexe opposé sans le désir sexuel proprement dit. C'est l'âge des amours chastes. Normalement l'égoïsme ne revient que vers vingt ou vingt-et-un ans avec la toute-puissance du besoin sexuel. Dans le monde moderne la ferveur et l'idéalisme de Marius et Cosette paraîtront bientôt aussi étranges que ridicules. « L'adolescence » aura disparu de la planète. Pourtant, ce sont les aspirations illimitées de l'adolescence qui expriment la vérité profonde de l'être humain.

Pour en revenir au petit enfant, les pressions ou même les suggestions des parents ne sont qu'un chantage à l'affection ou à la crainte. Un enfant ne doit pas se sentir divisé sans comprendre. Lui demander de renoncer à une activité qui est pour lui « le bien » simplement parce que les parents la considèrent comme « le mal » crée un conflit. Mais la suggestion indirecte : « N'est-ce pas que... ? », « Ne penses-tu pas que... ? » est pire. Elle fait des ravages. Ça n'est même plus : « J'aime ça et papa n'aime pas. » C'est à la fois : « J'aime, je n'aime pas, mais si j'aime, mais non je ne peux pas aimer », la perte par l'enfant de son identité. Par contre, les parents peuvent accepter ce que l'enfant fait ou renonce à faire pour leur faire plaisir, à condition de ne surtout pas en profiter pour lui suggérer qu'il devrait toujours agir de cette façon.

Pourquoi une éducation ? Pour l'amour de l'éducation en elle-même ? Non. Et pourtant combien souvent on pourrait croire qu'il en est ainsi. L'éducation, au lieu d'être une aide à la croissance, devient, lorsque les notions de bien et de mal sont trop pesantes, un empêchement à cette croissance, la formation d'une série de liens. Qu'est-ce qui va dans le sens d'une croissance naturelle et non d'une distorsion ou d'un blocage ?

Une éducation doit se fonder elle aussi sur la conscience du But de la Vie : l'expansion du moi par la compréhension. En termes simples comment l'enfant peut-il grandir du *moi* au *nous* ? Dans l'Inde traditionnelle, lorsque l'enfant avait atteint l'âge de sept ans, il passait de l'influence de sa mère et de son père à celle d'un maître *(acharya)*. Le premier geste de ce maître était de donner à l'enfant le célèbre *mantram* de la *gayatri* : « Nous (nous et non pas je) méditons sur la lumière adorable du Soleil créateur, afin que notre intelligence puisse croître de plus en plus. » Remarquons au passage que la prière du « Notre Père » dit aussi : « Donne-nous » et non : « Donne moi. » *Nous* est l'antidote de *moi*. Au petit enfant « nous » évite une identification trop poussée avec son nom et son corps. Le commentaire du mantram montrait à l'enfant que la lumière éclaire tout ce qui est dans l'Univers, pas seulement lui. Le symbolisme des ténèbres et de la lumière est inépuisable. « Afin que notre intelligence croisse de plus en plus. » Il n'est pas question de bien et de mal mais de croissance. *Buddhi*, que l'on traduit par intelligence, n'a rien à voir avec l'intellectualisme ou la capacité de jongler brillamment avec les idées. C'est l'intellect supérieur, qui peut voir et comprendre objectivement.

D'autre part cette éducation traditionnelle tenait le plus grand compte d'une vérité que le monde moderne s'efforce aujourd'hui de nier et qui prend sa revanche avec d'autant plus de force : l'infinité des différences. Sans parler de vies antérieures ou de karma, on doit constater qu'il y a, dès la naissance, une différence qualitative entre les bébés suivant leur hérédité et — déjà — suivant les impressions reçues par le fœtus pendant la grossesse de sa mère. La façon dont ces bébés puis ces enfants prendront, incorporeront les impressions, fût-ce les mêmes impressions, va différer avec chacun. Si nous nous référons au diagramme du chapitre I sur les niveaux de proximité ou d'éloignement du Centre, tous les enfants ne naissent pas au même cercle. En tant que « l'Homme créé à l'image de Dieu », chaque enfant a une *possibilité* infinie de croissance et de réalisation. Mais parmi les conditions qui constituent la *probabilité*, l'hérédité joue un rôle essentiel, et parmi les circonstances qui confirment cette probabilité, celles des premières années de la vie ont une influence fondamentale.

Seul l'Absolu est absolu. Comment éviter que l'enfant, qui est d'abord entièrement dépendant, ne cristallise une valeur d'absolu sur ce qui ne peut être que relatif : sa mère, son père, le bien, le mal ? Il faut l'aider à trouver en lui-même son point d'appui. Il faut lui rendre possible d'accepter que tout change et que le monde n'existe pas seulement pour satisfaire son ego. Mais il faut aussi reconnaître son ego. Il faut permettre à l'enfant d'être lui-même.

Il en est de même à tous les âges. « Qui veut faire l'ange fait la bête. » L'homme n'est ni ange ni bête. Il est supérieur à l'un et à l'autre. L'homme ne peut pas, ne peut jamais nier ou réprimer impunément la nature en lui. Pour toute action il y a une réaction égale et opposée : l'ego que l'on veut piétiner ne fait que se renforcer. Ce qui est étouffé dans sa manifestation naturelle se manifestera de façon détournée et incontrôlée : il n'y a qu'à voir les désordres émotionnels causés par la continence sexuelle prématurée et mal assumée.

Dans sa relation avec les lois naturelles, il existe quatre éventualités pour l'homme : être emporté aveuglément par la nature, aller consciemment avec la nature, aller contre la nature et aller au-dessus de la nature. Cette dernière attitude ne peut jamais violer les lois : elle les utilise pour s'en libérer, comme les hommes ont reconnu et utilisé les lois de la pesanteur pour s'arracher à l'attraction terrestre et voyager dans l'espace. Il ne faut surtout pas confondre le contrôle et la répression, la maîtrise et la négation.

On est libre de ce qu'on a accompli dans le cadre du *dharma* et de ce qu'on connaît, pas de ce qu'on dénie.

Notre notion du bien et du mal ayant été formée dans l'enfance, on conçoit à quel point cette question du Bien et du Mal se situe dans le mental, à quel point elle est liée à ce que nous aimons et n'aimons pas.

Le bébé a l'expérience de ce qui est plaisant ou déplaisant, agréable ou désagréable, mais aucune notion de bien et de mal, « aucun sens moral ». Cette distinction lui est assenée de l'extérieur par sa mère, son père, ses éducateurs. L'enfant, par exemple, prend beaucoup de plaisir à faire une « sottise » quelconque : couper le rideau avec des ciseaux, mettre toutes les chaussures de l'appartement dans une baignoire pleine d'eau, que sais-je. Une des premières sottises en question a peut-être été de manger ses propres excréments, ce qui, pour le petit enfant, n'a rien de répugnant. Le père ou la mère intervient alors et proclame avec colère : « C'est mal. » Si ce reproche est un peu violent, l'enfant, effrayé en se sentant repoussé, éprouve en effet que c'est très mauvais. Ainsi ce que l'enfant ressent comme pénible pour lui, c'est-à-dire comme mauvais par opposition à bon, subjectivement, se confond avec ce qu'il va considérer comme Mal et Bien, objectivement. Il n'y a donc, en fait, aucune objectivité dans cette notion acquise du bien et du mal et tant qu'un homme demeure subjectif il ne peut être, au mieux, que « subjectivement objectif ».

Les injonctions des parents sont peu à peu intériorisées et contribuent en tant qu'impressions (ce qui s'imprime) à constituer l'être de l'enfant. Cet être, j'insiste, est autant physique que psychique. On dit d'un climat psychologique, par exemple, qu'il est « étouffant ». Il arrive qu'un enfant ne développe pas sa cage thoracique et sa capacité respiratoire car l'autorité paternelle aura été trop étouffante pour lui ou que, physiquement il ne puisse pas se tenir droit parce qu'il aura trop pris l'habitude de « courber l'échine » psychologiquement.

Chaque enfant, en grandissant, entend également sans cesse que le monde se divise entre les bons — ceux qui pensent comme ses parents — et les mauvais — ceux du camp adverse, ce qui l'emprisonne encore un peu plus dans la dualité. Ces influences extérieures, intimement liées à tout le réseau affectif qui unit positivement ou négativement l'enfant à ses père et mère, se mêlent donc dans le psychisme de celui-ci à ses propres expériences de ce qu'il ressent comme bon et ce qu'il ressent comme mauvais, donc de ce qu'il aime et ce qu'il n'aime pas, de ce qu'il veut et ce qu'il refuse.

A propos de l'enfant — mais la plupart des adultes sont toujours, plus ou moins, des enfants — on ne devrait pas parler du bien et du mal mais du bien ou du mal. Il n'y a « le mal » que parce qu'il y a « lc bien ». Pour chaque petit enfant quelque chose de très intime, très personnel, très cher est le Bien, un bien qu'il ne veut pas perdre, un bien qu'il veut à tout prix retrouver s'il l'a perdu. La source de cette certitude émotionnelle est reléguée dans l'inconscient mais elle va inspirer, affecter, colorer toute la future approche de la notion de bien et de mal. Presque toujours il s'agit d'un élément heureux dans la relation du tout petit avec sa mère.

***

Le mental est le produit de toutes les impressions, agréables ou désagréables, que nous avons enregistrées. « Je » est libre, il l'a toujours été et le sera toujours et « Je » est toujours là, à chaque instant. Mais il est enveloppé, revêtu par notre être — notre corps physique et notre corps psychique. Cet être est relatif. L'être absolu s'exprime par : « Je suis », l'être relatif par : « Je suis quelque chose », un nom et une forme changeante. C'est cet être dépendant qui est « né, fait, devenu, composé », selon la formule du Bouddha. Il est produit par toutes les nourritures de toutes sortes. Ces nourritures sont les aliments mais aussi tout ce qui nous vient du dehors à travers les cinq sens : les nourritures artistiques, les nourritures intellectuelles, etc. Tout est nourriture. Le langage courant l'exprime bien lorsqu'il dit qu'un insomniaque a « dévoré » un roman policier dans la nuit, que la Radio nous « abreuve » de pop musique ou qu'un naïf a tout « avalé » des mensonges qu'on lui a dits. Bien entendu, ces nourritures ne concernent que l'ensemble corps-mental, pas « Je ». Elles concernent ce qui recouvre le « Je » : l'apparence.

Une question se pose alors : existe-t-il de bonnes et de mauvaises nourritures ?

Cette question aussi ne peut être valablement envisagée qu'en rapport avec le but de l'existence. Si des officiers chargés de l'entraînement des troupes de choc veulent qu'un homme ait l'être d'un tueur, il leur faut constituer cet être par différentes nourritures appropriées. De tout temps l'armée a été plutôt nourrie de marches militaires que de préludes et de rhapsodies.

En vérité nourritures physiques et nourritures psychiques sont neutres. Elles sont, c'est tout. Ce qui importe, ce qui fait qu'elles paraissent ne plus être neutres, c'est la façon dont nous les prenons au-dedans de nous.

Une fois encore tout est déterminé par le mental, même l'absorption des aliments. Je connais des Hindous orthodoxes conditionnés à ne pas pouvoir manger un œuf sans le vomir. Un Européen peut difficilement avaler les gros frelons frits dont raffolent les Bhoutanais ou les chenilles grillées comestibles en Afrique. J'ai vu des Tibétains et des Sikkimais se régaler avec de la viande avariée que je n'ai avalée, pour ne pas les peiner ou les vexer, qu'au prix d'un effort terrible. Je connais des tribus en Inde qui écrasent des pierres et en donnent la poudre à manger aux femmes enceintes. Nous savons bien d'ailleurs que les minéraux et même les métaux sont indispensables à l'organisme. « *Sarvam annam* », tout est nourriture, car l'homme est un résumé de l'Univers entier. Tout ce qui compose l'Univers compose l'homme et il y aurait beaucoup à dire sur la théorie tombée en désuétude des quatre éléments, terre, eau, feu et air, correspondant aux forces de solidité, fluidité, chaleur et mouvement.

Le corps lui-même prend certaines habitudes. Des personnes ayant donné à son insu de la viande de vache hachée dans un plat farci à un brahmane, celui-ci — qui pourtant ne savait rien — a tout restitué. Un proverbe anglais dit : « *What is one's meat is another's poison.* » « Ce qui est viande (source de vie, source d'énergie) pour l'un est poison pour un autre. »

Comme tout ce qui nous vient de l'extérieur, les aliments sont une occasion qui fait réagir un terrain prédisposé. « La même céréale donne les muscles au cheval et les plumes multicolores au paon », dit-on en Inde. La même électricité est utilisée différemment par la lampe, le rasoir, l'appareil de chauffage et le mixer. Toutes les substances sont neutres. Elles apparaissent bonnes ou mauvaises dans la mesure où leur effet sur nous dépend des circonstances et des conditions. L'exemple le plus clair en est les médicaments qui sont presque tous en même temps des poisons ou, inversement, les poisons qui sont utilisés comme médicaments. La même matière est assimilable sous une forme et pas sous une autre. L'organisme a besoin de fer, mais il ne digère pas les clous. Un organisme absorbera le calcium par voie buccale, un autre en piqûres.

Il n'y a pas de recette passe-partout pour les régimes et il n'y a pas de régime de la sagesse et de régime contraire à la sagesse applicables uniformément. Aucune nourriture ne peut créer en nous une fonction ou une tendance (désirable ou indésirable) qui n'y existe pas déjà à l'état latent. Elle ne peut qu'exciter celle-ci, dans l'ensemble des autres conditions et circonstances individuelles.

Il y a seulement ce qui est juste et approprié dans chaque cas particulier, la nourriture nécessaire pour un certain résultat : énergie physique, travail intellectuel. Quand les textes parlent de nourriture « pure », cela signifie la nourriture dont on fait un usage juste, ni trop, ni trop peu, afin d'assurer un fonctionnement juste. Un aliment n'est pas pur ou impur en lui-même ni ne peut être rendu pur. C'est l'utilisation que l'on en fait qui est pure ou impure. En ce sens, une Upanishad dit : « Une nourriture purifiée donne une vie purifiée, une vie purifiée donne une vigilance constante, une vigilance constante donne la liberté dans tous les domaines. »

L'effet qualitatif dépend de la quantité. Il y a d'ailleurs là une loi générale : la différence de qualité est une différence de quantité. Le même filament chauffé au rouge donne de la chaleur, chauffé à blanc donne de la lumière. Si le mouvement de l'énergie atteint une certaine rapidité elle devient matière. Si le médicament atteint une certaine quantité il devient meurtrier.

Si l'on s'exprime rigoureusement, il ne faut donc pas dire que c'est la nourriture qui nous fait mais nous qui utilisons la nourriture. Certains digèrent et assimilent bien ; d'autres, avec le même régime, maigrissent ou engraissent, etc. Je n'ai pas l'intention de redire ici des vérités de la physiologie que tout le monde connaît. Mais, parce que certaines lois naturelles nous sont connues, il est bon de ne pas les oublier. Car les lois qui sont vraies à un niveau de la Manifestation ont leurs équivalents aux autres niveaux, mental, psychique, subtil. Tout ce qui est manifesté est matériel mais il existe des degrés de matière plus ou moins raffinés. Seul l'Absolu, *atma* (le Soi), *nitya* (éternel), le point mathématique du diagramme des cercles concentriques, est non-matériel. En ce sens on pourrait le désigner en français par le mot Esprit (et non pas âme). Même les cercles les plus proches de lui, puisqu'ils sont manifestés, naturels, sont matériels. J'ai mentionné dans le Tome I de cet ouvrage les enveloppes, ou *kosha,* qui revêtent le Soi. Encore plus intérieurs ou subtils qu'*anandamaya kosha,* la tradition de l'adhyatma yoga reconnaît encore *cinmayakosha* (de *cit* : pure conscience, conscience de soi) et *sanmayakosha* (de *sat* : être). Ces deux koshas sont aussi matérielles, donc *anatma* et *anytia,* sans réalité indépendante, d'une part, et, d'autre part, changeantes, impermanentes, ce en quoi védantins et bouddhistes sont parfaitement d'accord. Elles ont un début et elles auront une fin. Cette nature ou matière, quel que soit son degré de raffinement, demeure dépendante, relative, soumise à la loi de la cause et de l'effet. Elle est « mesurable ». Les ondes de radiodiffusion et télévision ne sont pas une matière perceptible directement par un des cinq sens de l'homme mais elles sont mesurables et ces mesures (fréquence, longueur d'onde) s'inscrivent sur des instruments qui eux sont lisibles par un de nos sens, la vue. La pensée paraît « immatérielle », mais les ondes émises par un cerveau pensant s'enregistrent sur un électroencéphalogramme et sont également mesurables. Aucun phénomène de la Manifestation, aussi subtil soit-il, aussi évolué soit-il sur le plan de la qualité, n'échappe complètement à la quantité.

Ce que nous observons des nourritures les plus grossièrement matérielles a son parallèle en ce qui concerne les nourritures plus subtiles pour les corps plus subtils, les nourritures intellectuelles et artistiques. Or, à ce sujet, je veux rappeler que si les fonctions digestives (estomac, foie, pancréas, intestins) s'effectuent automatiquement, une d'entre elle est, ou devrait être, une activité consciente : celle de mâcher ou de mastiquer, celle d'absorber ou d'ingérer.

*
**

Ce que j'écris pour les nourritures d'aliments est aussi vrai pour les nourritures d'impressions : ce que nous voyons, entendons, nos lectures, nos distractions, tout ce dont nous nous « régalons ». Par elles-mêmes ces nourritures sont neutres. Elles ne produisent d'effet que s'il y a quelqu'un pour les prendre en lui, les absorber, les incorporer. Tout leur résultat dépend de celui qui prend et de la façon dont il prend. Une nourriture neutre apparaît bonne ou mauvaise pour celui qui l'absorbe. La même nourriture n'affectera pas de la même façon deux personnes différentes. Personne ne lit le livre écrit par l'auteur, personne ne voit le tableau peint par le peintre. Chacun lit *son* livre, voit *son* tableau. Tous les producteurs d'émissions de Télévision ont pu constater comme moi, en lisant le courrier des spectateurs, combien souvent ceux-ci voient des images ou entendent des paroles qui n'étaient pas dans l'émission. Ce sont presque toujours des images ou des phrases contre lesquelles ils protestent et qu'ils trouvent choquantes. Ces lettres sont péremptoires : « Vous avez dit ceci », « Vous avez montré cela. » La presque totalité des programmes de télévision étant enregistrés, ce n'est pas comme une conversation ordinaire et il est aisé de vérifier. La même émission de télévision peut être bénéfique pour l'un et nuisible pour l'autre. Il en est ainsi de toutes les nourritures intellectuelles et artistiques. Mais la « pire » nourriture (le livre le plus « ignoble », le film le plus « affreux », le spectacle le plus « dégradant », l'émission de télévision la plus « honteuse », le magazine le plus « choquant », la cérémonie la plus « maléfique ») est neutre en elle-même. C'est ainsi qu'elle ne peut en rien affecter un sage. Elle n'a d'effet que dans la mesure où elle est reçue et par la façon dont elle est reçue. Les raisons pour lesquelles un homme est impressionné par une nourriture, la façon dont il est impressionné sont plus importantes que les nourritures elles-mêmes. Or les gens se préoccupent beaucoup plus de décréter ce qui est bien et ce qui est mal que de comprendre pourquoi ils sont affectés, comment ils le sont et comment ils peuvent cesser de l'être.

Pour le sage, toute nourriture est neutre. Il ne peut être ni influencé, ni impressionné. On dit qu'il peut digérer tous les poisons et, dans le cas de certains yogis, cette expression est même à prendre au pied de la lettre. Le sage peut tout voir, tout entendre, sans que son être en soit modifié. Tout lui est neutre parce qu'il est lui-même neutre à tout. Le sage ne prend rien en lui. Il laisse tout demeurer à sa propre place : « Oui. Oui. C'est ainsi. C'est ainsi. » Un miroir voit tout, reconnaît tout, mais en lui rien ne s'imprime. C'est la parfaite indépendance. C'est la liberté. Nous pouvons avoir l'expérience qu'un fait est neutre pourvu que nous soyons un avec lui, car alors il ne suscite aucune réaction. Je peux redonner ici l'analogie de l'eau qui est un avec la forme de tous les récipients et qui n'en est jamais affectée, jamais prisonnière. Plus augmente le sentiment d'unité avec les autres et le reste de la Manifestation et plus diminue le sens de la dualité ou de la séparation, plus diminue aussi la dépendance. Le terme qui signifie dépendance est bien connu, parce qu'il désigne aussi un corps de doctrines et de pratiques fondé sur l'interdépendance de tous les éléments grossiers et subtils de l'univers : c'est le mot *tantra*. Le vedanta distingue *swatantra* : dépendre de soi-même, ce qui implique l'absence d'émotions, et *paratantra* : dépendre des autres, dépendre d'autre que soi.

En ce qui concerne l'absorption des nourritures intellectuelles et émotionnelles, l'humanité se divise, à part les sages, en quatre catégories d'hommes et de femmes.

Les véritables adultes — s'il y en a — peuvent pratiquement entrer en contact avec toutes les sources d'impressions. Ceci est relatif dans la mesure où le pourcentage de maturité et d'infantilisme varie avec chaque individu. L'adulte peut aller partout, goûter à tout, cela ne peut qu'enrichir et accroître son expérience. Tout est seulement une question d'opportunité et de quantité. Véritable adulte signifie un être humain qui a bénéficié d'une éducation juste, ce qui est aujourd'hui de plus en plus rare.

Il y a ensuite les enfants. Si l'adulte peut tout digérer, ce n'est certes pas le cas de l'enfant. On ne donne pas à manger un beefsteak à un nouveau-né. On ne donne pas à un enfant plus qu'il ne peut porter. Ou, du moins, on ne devrait pas... Progressivement, graduellement, il faut apprendre à l'enfant à voir ce qu'est chaque fait, à trouver les causes derrière les manifestations. Il ne faut le soumettre qu'aux impressions qu'il peut assimiler. Il faut le protéger sans l'étouffer.

La troisième catégorie, fort restreinte, comprend les adultes qui n'ont pas reçu dans leur enfance l'éducation appropriée mais qui la reçoivent dans leur âge mûr. Je pense à ceux qui ont l'immense privilège d'être guidés par un maître digne de ce nom, je dis bien digne de ce nom car de nombreux « maîtres » — même s'ils ont étudié des techniques et fait des expériences intérieures — restent soumis aux mécanismes du mental. Par contre, à côté des psychanalyses inopérantes, je connais quelques personnes que des psychothérapeutes ont aidées à penser moins et à voir plus, aidées à comprendre. Ces adultes favorisés, dont le guide intérieur s'éveille peu à peu, s'avancent dans la vie avec une lumière, des principes justes, une possibilité de croître. Dans une mesure relative mais qui grandit sans cesse, ils sont moins emportés par leurs émotions et ils peuvent digérer la plupart des impressions. Ce qui est un poison pour les autres devient pour eux une bénédiction qui les rend plus forts et plus libres.

Enfin reste la quasi-totalité des êtres humains dans le monde actuel, « endormis », « prisonniers », ne parlant que leur propre langage, l'humanité de la Tour de Babel. Reconnaître que l'on fait partie de cette catégorie et vouloir courageusement échapper à la prison est déjà le « salut » sinon la « délivrance ». L'être de ces hommes et de ces femmes est constitué par toutes les impressions reçues et enregistrées selon leurs prédispositions (hérédité, tempérament) congénitales. Ils sont entièrement mûs par leurs émotions, leurs goûts, leurs désirs, leurs réactions. Parmi eux se trouvent un grand nombre de gens admirés, célèbres, influents, inspirant l'action des autres, prêchant une doctrine, militant pour une idéologie. Tous ces hommes, toutes ces femmes sont prisonniers de leur distinction subjective du bien et du mal. Du fait qu'ils n'ont pas de contrôle sur la façon dont ils absorbent les impressions, pour eux toute neutralité a disparu. Si le sage est intangible et le véritable adulte capable d'une indépendance relative, ces adultes infantiles sont, au contraire, complètement façonnés et mûs par les influences extérieures. Cela impose donc à ceux (intellectuels, artistes, auteurs...) qui conçoivent et dispensent ces nourritures une immense responsabilité. Mais seul est responsable celui qui est lui-même libre et non dépendant. La propre croissance d'un créateur, son besoin d'exprimer ce qui est en lui (notamment ses émotions infantiles réprimées), sa dépendance intérieure vis-à-vis de ses goûts et de ses notions acquises du bien et du mal ou du beau et du laid, luttent contre sa possibilité de « faire » et de donner une œuvre ayant une valeur objective.

*
**

Tout homme engagé sur le chemin de la Sagesse se trouve confronté à une double question : Qu'est-ce que je peux faire pour mon bien ? Qu'est-ce que je peux faire pour le bien des autres ?

Dans la Voie en huit parties enseignée par le Bouddha, cette double question correspond à l'effort parfait et à la volonté parfaite. La volonté parfaite est une volonté inébranlable et persévérante mais, pour vouloir parfaitement, il faut savoir ce que l'on veut. Il faut avoir un but. Celui qui veut le *nirvana* a un double but, son but personnel et un but altruiste : aider les autres à atteindre eux aussi la sagesse donc la paix. C'est la compassion ou l'amour véritable.

Mais le disciple a vu la relativité et la subjectivité des notions de bien et de mal. Il a vu comment, au nom de la distinction du Bien et du Mal, les hommes aveuglés se battent, s'opposent, s'entredéchirent. Il a vu combien de souffrances ont été imposées aux autres au nom du Bien. Il a vu qu'une souffrance apparente est souvent une bénédiction. Il a vu qu'avec tant de réformateurs, d'idéalistes, de grands hommes, avec tant de doctrines, d'idéologies, de manifestes, avec tant de progrès scientifiques, matériels, techniques, avec tant de croyances, tant d'espoirs, tant d'enthousiasmes depuis tant de siècles, la masse des hommes continue à vivre dans les ténèbres de l'erreur et dans la douleur. Il a compris qu'il était un homme lui aussi soumis à l'Ignorance et qui pourtant commet le péché impardonnable de prétendre savoir ce qu'est le Bien et le Mal. Et il a commencé à s'éveiller, à voir en face ce jeu tragique du bien et du mal, à ne plus justifier cette dualité.

Presque toujours, les hommes se contentent de la surface, de la manifestation, de l'expression, de l'apparence, de l'effet. Mais sous la surface, il y a la profondeur, derrière la manifestation se trouve le non-manifesté, à l'origine de l'expression il y a une source, l'apparence nous révèle l'essence, il n'y a pas d'effet sans cause. Un médecin ne guérit vraiment que s'il soigne la maladie et non les symptômes.

Il n'y a aucune souffrance, aucune misère sous le soleil qu'on puisse supprimer si l'on ne supprime pas sa cause. Remédier aux symptômes est une entreprise qui n'a pas de fin. Tant que les conditions générales de la société seront ce qu'elles sont, il y aura... et ici commence la longue liste des crimes, des oppressions, des injustices et de tout ce qui concourt à « l'abomination de la désolation ». Parce que les causes, les conditions, ne sont pas les mêmes en Inde et aux Etats-Unis, les effets, les drames, ne sont pas les mêmes. En Inde, par exemple, dans certaines grandes villes, des associations de mendiants fort bien organisées volent des enfants, les mutilent pour les rendre plus pitoyables, les font mendier. On les change de quartier tous les jours et un responsable vient, toutes les heures, collecter ce que les petits infirmes ont gagné. Nous sommes mieux renseignés, en Europe, sur les crimes qui ont lieu aux Etats-Unis et nous ferions bien de regarder ce qui se passe chez nous.

Dans l'Ignorance fondamentale, avec ce qu'elle implique d'aveuglement, de mensonge, d'égoïsme, de préjugés, d'incompréhension, de conflits, de souffrances et de tentatives insensées pour échapper à cette souffrance, toute mesure pour améliorer quelque chose dans un domaine entraîne une aggravation imprévue dans un autre domaine. Il y a longtemps que cela dure, mais ça ne fait rien, continuons, tout ira bien, — pourvu que ce soient mes idées qui triomphent. « Ah ! si j'avais été, moi, à la place de de Gaulle en 62... » « Si seulement Mrs. Gandhi pouvait comprendre que... » Pour donner un exemple qui est d'actualité pendant que j'écris ce livre, les opinions — les « certitudes » — sont contradictoires quant à l'avortement. Certains sont sûrs que l'avortement est le mal, d'autres sont convaincus qu'il est le bien. La généralisation des avortements est seulement un effet, un symptôme. Il ne sert à rien de s'opposer à propos d'un symptôme. Si de plus en plus nombreuses sont les femmes qui réclament la liberté de l'avortement, il y a une cause à cela. Dans les conditions actuelles de notre société et de notre culture — je dis bien les conditions, donc les conditionnements — l'avortement, « criminel ou non », « acceptable ou non par la conscience chrétienne », « traumatisant ou non pour les mères », est inévitable. Il est certain que l'avortement n'est pas naturel. Etre enceinte et se faire avorter n'est pas se placer au-dessus de la Nature, c'est aller contre la Nature, après avoir été emporté par elle. Mais tout le débat sur l'avortement concerne la surface. La cause est plus profonde que tous les arguments donnés de part et d'autre.

Pour chaque misère, chaque souffrance sous le soleil, il existe ou il n'existe pas un remède. S'il existe un remède, trouvons-le et appliquons-le. S'il n'en existe pas, n'agitons pas inutilement notre mental. Le remarquable Mouvement des « Alcooliques Anonymes » enseigne à ses membres une prière qui exprime l'attitude juste : « Mon Dieu, donnez-moi la sérénité d'accepter les choses que je ne puis changer, le courage de changer les choses que je peux changer et la sagesse d'en connaître la différence. »

Mais nous pouvons être certains que s'il existe un remède, celui-ci s'applique aux causes et non pas aux effets.

Vivre non plus au niveau de l'apparence mais de l'essence est une approche nouvelle de l'existence. Qu'est-ce qui nous maintient à la surface, qu'est-ce qui rend notre vie si « superficielle » ? Les émotions. L'émotion nous attache à l'effet, à l'expression, et nous interdit de voir plus loin que : « Elle a osé faire ça », « Il m'a fait ça, à moi. » Si nous élargissons un peu le débat, le mécanisme demeure le même : « Nixon a osé faire ça », « Le Pape a osé dire ça. » A en croire les indignations respectives des uns et des autres, tout le monde n'arrête pas de faire le mal toute la journée : les policiers, les prêtres, les communistes, les Américains, les Arabes, les patrons, les jeunes, les journalistes, les parachutistes, les députés de la majorité, les Juifs, les savants. Par mon métier de Producteur de télévision et par mes voyages, j'ai approché des gens de tous les milieux, de toutes les races, de toutes les idéologies. Il n'y a pas une catégorie d'êtres admirée par les uns comme faisant particulièrement le bien qui ne soient pas jugée par d'autres comme malfaisante. Combien d'Asiatiques et d'Africains, bienveillants et hospitaliers pour les blancs, considèrent les missionnaires chrétiens comme leur ayant fait un mal que les hôpitaux de sœurs sont loin de compenser. Combien d'Hindous considèrent, non sans de nombreuses raisons à l'appui, les Chrétiens occidentaux et leur influence comme étant à l'origine de la déchéance culturelle et spirituelle de leur pays.

Chaque « isme », communisme, socialisme, fascisme, christianisme, bouddhisme, etc., a ses partisans et ses opposants. Naturellement, pour les chrétiens, le Christianisme est la vérité. Pour les protestants c'est le protestantisme, pour les catholiques le catholicisme. Mais les critiques de la religion, depuis les marxistes jusqu'aux psychanalystes freudiens, ont pu accumuler les arguments contre le christianisme relatif et dépendant manifesté à travers les hommes. L'Enseignement du Christ est une chose et le christianisme historique en est une autre.

Si l'on regarde en face tant de malentendus, de conflits, de violence, tant de générosité néfaste, d'indignations stériles, de réactions inutiles, on ne peut pas accuser la vision du Bouddha d'être pessimiste. Chaque homme, de chaque clan, de chaque confession, de chaque parti est certain d'avoir raison. Il n'entend et ne voit que ce qui corrobore ses opinions. Sa notion du Bien et du Mal est irrémédiablement subjective, enracinée dans les impressions infantiles. On a pu dire que c'était une névrose d'avoir des idées politiques de gauche et une autre névrose d'avoir des idées de droite. Chacun a son idée individuelle sur la vie, idée dont il est prisonnier. Ce qui se conforme à cette idée est le bien, ce qui la contredit est le mal. Seuls ont une chance d'échapper à cet aveuglement général ceux qui ont reconnu leur propre aveuglement et la nullité de leur conception du bien et du mal. Ils ont « un but différent des buts ordinaires des hommes ».

*
**

Le chercheur de vérité a un But, un But permanent par rapport auquel s'ordonnent tous les autres : croître depuis l'étroitesse de l'ego (ou du mental) jusqu'à l'infinitude du « Je suis » non qualifié : le « Soi » *(atma)* des Hindous, la « Nature-de-Bouddha » ou le « Non-né » des Bouddhistes. Sur ce but — et ce qui en rapproche— je me suis déjà passablement expliqué dans ce troisième tome et les précédents et j'y renvoie le lecteur s'il désire aborder ce qui va suivre.

Je veux seulement reprendre et regrouper quelques

éléments qui sont liés au problème concret du bien et du mal.

Ce but bien précis, la Libération *(moksha)* est la fin suprême de l'existence humaine, le sens de toute vie humaine. C'est le mouvement de toute la nature dont chaque élément tend du limité vers l'illimité. C'est un but fixe, stable, permanent. C'est aussi un but inévitable : je veux dire qu'il ne peut pas y en avoir d'autre. Tout homme éprouve un besoin d'expansion : plus d'argent, plus de gloire, plus de connaissance, etc. Ce désir d'aller au-delà des limites de l'ego (ou du mental) est inhérent en chaque homme. Ce but est l'expansion complète, l'expansion absolue. Et chaque homme est déjà Cela.

Ainsi ce qui rapproche l'homme de ce but est naturel, ce qui l'en éloigne va contre la Nature. Ce qui rapproche l'homme de ce but est vérité, ce qui l'en éloigne est erreur. Ce qui rapproche l'homme de ce but est juste, ce qui l'en éloigne est faux. Ce principe général s'applique à chaque être humain, chaque homme, chaque femme en particulier, dans la situation concrète où il se trouve, à son niveau d'évolution intérieure actuel.

Un fait évident doit pourtant être souligné et toujours gardé à l'esprit : c'est que ce But, cette Libération, ce « Je suis » absolu, l'homme ordinaire même « normal » ne le connaît pas, ou plutôt son mental ne le connaît pas, ne peut pas le connaître. Le mental ne peut pas se le représenter, ni méditer sur lui, ni le chercher comme un objet à conquérir. Le mental ne peut s'occuper que du mental. Il faut partir du point de départ.

Pratiquement l'homme peut seulement concevoir ce but en termes de plus ou de moins : une personnalité plus vaste, plus compréhensive (au vrai sens de comprendre : inclure en soi), plus disponible, plus libre de ses préjugés, de ses refus et de ses désirs, mieux capable d'aimer les autres.

Le chercheur de vérité a donc son propre but personnel et le chemin, le yoga, qui l'y conduit. Mais que peut-il faire pour les autres, pour son prochain ? Tout le monde a une idée là-dessus mais, nous l'avons vu, tout le monde n'a pas la même idée.

La dominante de l'histoire humaine, c'est l'incompréhension, la Tour de Babel. Chacun ne vit que dans son monde, chacun ne parle que sa langue, chacun pense à partir de ses émotions. Personne ne voit, personne n'entend. Relativement et d'une façon immédiatement accessible il y a un but « altruiste » et il n'y a qu'un seul but altruiste dans la vie : diminuer l'incompréhension et donc la souffrance — jusqu'à ce que vienne le moment où il n'y a plus aucune incompréhension. L'incompréhension et l'émotion se renforcent l'une l'autre. L'incompréhension au plan intellectuel, crée l'émotion. L'émotion rend le mental encore un peu plus aveugle. Le but est donc de contribuer à la diminution des émotions jusqu'à la liberté vis-à-vis des émotions. Je préfère dire

« libre des émotions » plutôt que « sans émotions » car une pierre ou un morceau de bois sont aussi sans émotions et ce n'est évidemment pas là l'idéal dont il s'agit. Les émotions ont fait place au sentiment. Alors les hommes peuvent se comprendre.

Pour tous ceux qui ont la responsabilité de s'adresser au public : écrivains, journalistes, artistes, cinéastes, auteurs de radio et de télévision — et qui cherchent à vivre consciemment — il y a là un critère simple pour apprécier leurs propres œuvres. Il existe toutefois deux sortes d'émotions : celles qui renforcent l'attachement à l'ego et celles qui en élargissent les intérêts. Tant qu'un être demeure susceptible d'émotions — et que cherche-t-on dans la presque totalité des spectacles, des lectures, des œuvres d'art sinon des émotions ? — ces émotions sont de qualité différente. Certaines accentuent le sens de la séparation, la crispation de l'ego sur lui-même, le refus des opinions différentes. Rentrent dans cette catégorie les émotions qui exaltent la supériorité du milieu, de la classe, de la culture, du pays auxquels on s'identifie et conduisent au mépris des autres communautés. Certaines émotions au contraire ouvrent l'ego vers tout ce qui n'est pas lui. Certaines ouvrent abaissent, d'autres élèvent jusqu'à ce qu'ait été découverte la nature illusoire de l'émotion, ce qui conduit à la plénitude.

⁂

Aussi longtemps qu'il y a absorption des influences, possibilité d'être impressionné, cette absorption produit le complexe corps-mental, l'ego, l'être relatif, « moi » impliquant le sens de la séparation.

Cet ego peut être érodé, dissous ou — ce qui revient au même — élargi, épanoui. *Un ego vaste est le contraire d'un ego hypertrophié.* L'ego peut aussi être renforcé, durci. C'est cela, et cela seulement qui pourrait être considéré comme « bien » et « mal » selon un critère non-subjectif et qui ne dépende pas des préférences de chacun.

Tant qu'un homme est encore situé au plan relatif et dépendant, la seule façon pour lui de se libérer immédiatement de la prison du Bien et du Mal est d'abandonner cette distinction pour celle de « plus près » ou « plus loin » du But. Bien sûr, il s'agit encore d'une distinction. En vérité, dans le poing replié la main déployée est déjà là. Je vous renvoie au diagramme des cercles concentriques qui se trouve dans le premier chapitre de ce Tome III.

Cette perspective s'applique aussi à cet aspect particulier du bien et du mal qu'est celui du beau et du laid, donc à la responsabilité des artistes.

L'art est l'expression (ou l'imitation des expressions) de la vie. Il y a donc toutes sortes de niveaux d'art selon les niveaux de la vie représentés. Aucune œuvre d'art, aucune forme, ne peut représenter l'Absolu, l'Informel. Seuls certains symboles — un point, un cercle, une surface vide — peuvent orienter dans cette direction comme « le doigt qui pointe vers la lune, tant pis pour ceux qui regardent le doigt ». Mais des œuvres d'art peuvent évoquer ou rappeler le But de la Vie ou exprimer le chemin vers ce But.

Les œuvres d'art de n'importe quel niveau sont appréciées par le public qui se trouve à ce même niveau, pourvu que l'artiste soit sincère à ce niveau-là. Les critères de beau et de laid sont aussi flous et subjectifs que les critères de bien et de mal. Ce qu'un homme trouve beau, un autre le trouve laid ; ce qu'un homme pense insipide à une période de sa vie, il le considère comme remarquable à une autre ; ce qu'une époque a estimé ravissant, une autre le qualifie d'affreux ; ce qu'une culture juge esthétique, une autre le déclare effroyable. La musique classique chinoise ou hindoue a aujourd'hui droit de cité en Occident. Au XIXe siècle, Berlioz, qui en avait entendu à Londres, les comparait à des miaulements de chat, « mais attention, précisait-il, de chat à qui une arête serait restée en travers de la gorge. »

Les chansons de Tino Rossi ou Edith Piaf n'auraient pas eu leur immense succès si elles ne correspondaient pas à un certain niveau de sensibilité du public français au milieu du XXe siècle. Les œuvres de Schumann correspondent à une autre sensibilité. Mais personne n'a le droit de décréter que les *Amours du poète* sont plus « beaux » que

*Petit papa Noël* ou l'*Hymne à l'Amour*. Par contre, de ces deux formes de musique et de chant, laquelle est la plus proche de l'Unité, de l'absence d'émotions, de la plénitude, de la non-séparation, de l'indépendance, de la liberté, de la paix, de la compréhension, etc. ? Ces formes musicales expriment-elles le But de la vie et le chemin vers ce But ? Toutes deux sont l'expression d'émotions subjectives et sont goûtées par ceux dont les émotions individuelles correspondent à celles des compositeurs et des interprètes.

L'art est apprécié à travers les émotions, les goûts, les névroses individuelles ou collectives, les modes, le jeu de l'action et de la réaction. Tout est dépendant, conditionné, relatif et il n'y a, en vérité, ni beau, ni laid : il y a ce que chacun aime et n'aime pas. Mais il y a, dans tous les arts, des niveaux de réalité, des niveaux de proximité ou d'éloignement par rapport au « Centre », au But de la Vie. Ces niveaux, eux, ont une valeur objective. Le sage, qui est arrivé au bout du chemin, peut comprendre tous les niveaux. Les autres hommes ne comprennent pas : ils sont attirés ou ils ne le sont pas. Le chercheur de vérité reconnaît peu à peu les œuvres d'art qui lui parlent de son but ou qui lui en montrent le chemin.

Je reprendrai le diagramme des cercles concentriques dont le centre représente l'Absolu ou le But de la Vie.

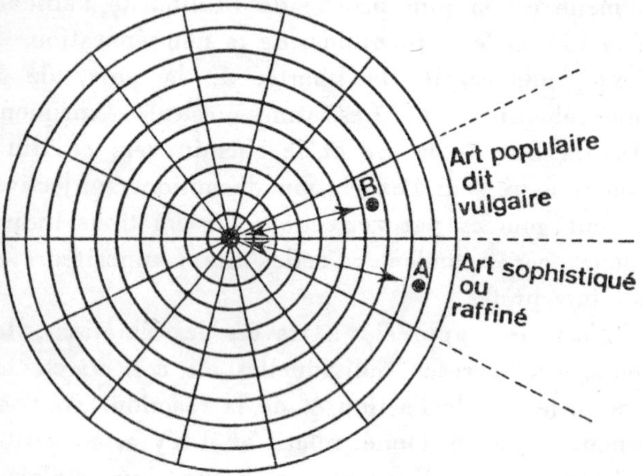


Les fractions correspondent aux diverses activités humaines. Une représentera l'art considéré comme digne de ce nom par les classes sociales supérieures d'une société donnée, l'art sophistiqué ou raffiné. Une autre figure l'art populaire, dit vulgaire, décrié comme art « pour les midinettes » ou « pour les concierges ». Ce qu'un milieu social trouve beau un autre le juge laid. Aux yeux des gens éduqués, ce qui rentre dans la première catégorie (A) est considéré comme beau : « excellent », « remarquable »,

« très réussi » ; dans la deuxième catégorie (B) comme laid : « épouvantable », « inécoutable », « irregardable ». Mais il se peut parfaitement qu'une œuvre de la catégorie B exprime des émotions beaucoup moins égoïstes qu'une œuvre de la catégorie A et se situe donc à un niveau beaucoup plus proche du Centre.

Il faut toutefois tenir compte du fait que l'œuvre d'art touche l'émotion à travers la sensation. Il faut donc se garder, dans l'exemple que je viens de donner, de vouloir situer une mélodie ou une peinture uniquement d'après son thème ou son sujet — ce qui d'ailleurs exclurait de ce critère tout l'art non-figuratif.

Dans un des textes bouddhiques les plus anciens et les plus connus, le *vinaya pitaka*, le Bouddha dit : « Une doctrine, d'où qu'elle vienne, si elle conduit à la passion et non à la paix, à l'affirmation de l'ego et non à la diminution de l'ego, à l'augmentation des désirs et non à la diminution des désirs, à l'amour de la dépendance et non à l'amour de l'indépendance, à un mental violent et non à un mental pacifié, cette doctrine n'est pas l'Enseignement du Bouddha. » (Traduction libre selon le commentaire d'un maître bouddhiste).

Je dirai de même : « Une œuvre d'art, d'où qu'elle vienne, si elle conduit... n'est pas une œuvre d'art. » Les critères donnés par le Bouddha sont applicables à toutes les activités et à toutes les productions humaines. « Une culture, si elle conduit... n'est pas une culture. » « Une éducation, si elle conduit... n'est pas une éducation. » Une action humaine, quel que soit son auteur, si elle conduit son auteur ou si elle encourage les autres à la passion, à l'affirmation de l'ego, à l'augmentation des désirs, à l'amour de la dépendance, à un mental violent, n'est pas une action juste. Si elle conduit son auteur ou si elle encourage les autres à la paix, à la diminution de l'ego, à la diminution des désirs, à l'amour de l'indépendance, à un mental pacifié est une action juste.

Comme je l'ai écrit page 199 du Tome II, la question n'est pas : « Est-ce bien ou mal ? » mais « Est-ce juste ou faux ? » La réponse est donnée non par une conception prétendument objective et véridiquement subjective du Bien et du Mal mais par chaque situation elle-même. C'est plus facile à dire qu'à mettre en pratique. Pour apprécier la justice d'une situation il faut être détaché de ses intérêts individuels. Il faut avoir cessé d'être un individu. Il faut être devenu une personne. Un individu est motivé par son intérêt égoïste étroit ou celui de la collectivité à laquelle il est identifié. Une personne est motivée par l'intérêt d'autrui. Plus un homme est détaché de ses propres intérêts, plus il peut agir et « faire » de façon juste.

Mais, à la vérité, un homme n'est pas détaché de ses intérêts égoïstes. Ce sont ses intérêts qui se détachent de lui, comme tombe le fruit de la branche quand il est mûr. Le chercheur de vérité s'efforce de rendre plus rapide cette maturation. Lorsqu'il est totalement détaché, il est situé au-delà du Bien et du Mal, au-delà de cette dualité dont la connaissance, nous dit la Genèse, exila l'homme du Paradis de la non-dualité.

## 4

# SE DÉTACHER

Chercher à réaliser le Soi en conservant ses attachements est une vaine entreprise. Tous les chercheurs spirituels sont d'accord que *atma-darshan*, la vision de l'Atma, *brahma-vidyâ*, la vision de Brahman, est synonyme de « Libération ». Est-ce à dire que quand je serai libre je n'aurai plus d'attachements ? Non, mais que quand je n'aurai plus d'attachements, je serai libre. C'est la démarche contraire.

De même, aujourd'hui, trop de débutants absolument impréparés et immaturés attendent tout de la « méditation ». En effet les termes sanscrits *dharana* (concentration), *dhyana* (méditation) et *samadhi* (supra-conscience) se retrouvent aussi bien dans le vocabulaire hindou que bouddhiste. Par conséquent beaucoup pensent pouvoir utilement, dès les débuts de leur ascèse *(sadhana)*, s'asseoir immobiles, jambes croisées, yeux fermés ou regard fixe et « méditer ».

Que signifie méditer ?

Qui médite ?

Et sur quoi ?

Le terme français « méditation » a des sens si divers qu'il traduit très imparfaitement le sanscrit dhyana et ne convient plus du tout pour traduire samadhi. En latin *meditari* veut dire *s'exercer, s'appliquer à.* Mais, aujourd'hui, méditer signifie le plus souvent réfléchir, examiner, penser — quand ce n'est pas rêver ou songer — et implique un élément discursif, comme préméditer. Les mystiques chrétiens distinguent nettement la méditation et la contemplation, celle-ci étant un acte simple, immédiat, affranchi des pensées.

Je ne dis pas que la méditation n'a aucun sens pour les novices. Mais j'affirme qu'elle est, trop souvent, un rêve et une illusion et que, trop souvent, elle ne constitue pas le chemin vers la Liberté. J'affirme aussi que j'ai connu personnellement, depuis vingt-deux ans, des centaines d'Européens et d'Asiatiques qui ont médité tant et plus et qui ne sont libres ni de leur ego, ni de leur mental, ni de leur subjectivité, ni de leurs goûts, ni de leurs répulsions, ni de leurs désirs, ni de leurs peurs. Pourquoi ? Parce que les prétendus dharana et dhyana sont ordinairement fondés sur la négation et non sur la liberté. Méditer consiste le plus souvent à nier, dénier, renier ce qui est en nous. Et ce qui a été nié, dénié et renié trouve toujours moyen de prendre sa revanche. Quant à la célèbre position du témoin *(sakshi)* c'est aussi un piège : si vous — votre ego — essayez d'être un *sakshi* vous essayez seulement de vous identifier avec le *sakshi*, ce qui s'avère tout autre chose que d'être un témoin. L'attitude du « miroir », la véritable vigilance *(awareness)* n'est possible que si le miroir peut tout réfléchir sans osciller. Si le miroir oscille sans cesse, je ne peux rien voir. Si je dois arrêter la projection des images pour que le miroir cesse d'osciller, je ne peux rien voir non plus.

Qui médite ? Le mental. Sur quoi ? Sur ce qui n'est pas le mental ? N'importe qui ne peut pas conduire une voiture. Pour conduire il faut *être* un chauffeur. Pour nager il faut *être* un nageur. Pour méditer il faut *être* un méditateur. N'importe qui peut, immédiatement, s'asseoir jambes plus ou moins bien croisées, dos plus ou moins droit et rester plus ou moins longtemps dans cette position. N'importe qui ne peut pas *être* un méditateur. N'est un méditateur que celui qui peut faire silence au point de disparaître, celui qui ne demande rien, ne cherche rien, ne se souvient de rien, ne prévoit rien, ne compare rien, a renoncé à toutes les expériences transcendantes. L'égoïste n'est jamais un méditateur. Celui qui demeure prisonnier d'une méthode, d'une technique non plus. Celui qui se bat avec lui-même pour concentrer son attention encore moins.

Il existe toutes sortes de méditations qui demeurent entièrement à l'intérieur du mental. Elles consistent à fixer son attention sur un objet quelconque extérieur ou intérieur ; une idée, un symbole. Comme tout exercice pratiqué sérieusement et régulièrement elles produisent un résultat : une meilleure capacité à... concentrer son attention. Poussées assez loin ces méditations peuvent conduire à « l'identification avec l'objet de la méditation ». On raconte (je le cite dans « Ashrams ») qu'un jeune novice, enfermé dans sa hutte, avait médité sur une vache qui lui était infiniment chère, seul objet sur lequel il pût maintenir son attention sans être distrait. Au bout de quelque temps, comme son maître le faisait appeler, il répondit : « Je ne peux pas sortir de la hutte, mes cornes m'empêchent de passer par la porte qui est trop étroite. » Bravo. Je ne sais s'il faut parler de « profonde » méditation ou de méditation « réussie » mais le jeune homme était identifié avec sa vache. L'identification n'est pas l'unité et la seule unité réelle c'est l'« Unité Suprême », la réalisation : « Je suis CELA », atman, brahman. En toute autre circonstance il y a deux. Ce genre de méditations peut conduire à l'identification avec n'importe quoi, y compris avec « Dieu », c'est-à-dire la conception de Dieu dans le mental. Il y a aussi, dans les hôpitaux psychiatriques, des pensionnaires identifiés avec Dieu.

L'unité suprême a été parfois appelée, en français : « Identité suprême », notamment par René Guénon. L'identification n'est pas l'identité. L'identité précise ce que je suis : « Votre identité, s'il vous plaît ? » — « Voici mes papiers d'identité. » Cette identité-là, c'est exactement celle que s'attribuent les êtres humains : nom, prénom, taille, signes particuliers, profession, né de tel père et de telle mère. Or ce n'est justement qu'une identification, l'identification fondamentale à l'ego, à la forme, au corps mortel, à l'individualité séparée. La véritable identité de tout homme c'est le Soi, le Non-Né, la Nature-de-Bouddha. A quand la véritable carte d'identité ? Nom : brahman. Né de : jamais né. Domicile : partout et nulle part. Fils de : l'Absolu...

Toute existence humaine n'est faite que d'identifications conscientes, voulues, ou inconscientes, non voulues. Cela commence par l'identification avec le corps et avec le prénom et il n'y a pas de plus belle concentration ou méditation spontanée que celle d'un amoureux fou pensant nuit et jour à sa bien-aimée.

Certaines méditations tendent, par contre, à la réalisation de l'Unité : les méditations orientées vers ce que je suis déjà, vers le Soi. Il n'est pas question de « devenir » mais « de prendre conscience de ce que l'on est ». Or qui va « prendre conscience » ? Ce qui n'est pas ? L'ego, le mental va prendre conscience du non-ego, du non-mental ? L'expression « prendre conscience », même couramment employée, est aussi inadéquate que quand on parle d'« avoir *eu* un samadhi » ou d'« avoir *eu* le satori ». Une fois de plus : il n'est pas question d'avoir mais d'être.

On ne peut avoir ni dharana, ni dhyana, ni samadhi. Ce sont des états qui viennent quand les conditions sont réunies. Mais s'ils viennent, à la suite de conditions, ils ne peuvent pas durer. La règle ne souffre pas d'exception : tout ce qui vient s'en va, tout ce qui a un commencement a une fin.

Et pourtant la Vérité est là, *avih* : lumineuse, resplendissante par elle-même. Entre elle et la conscience ordinaire de l'homme, une série de couches de nuages. La méditation est un effort pour se frayer un passage à travers ces nuages. Si les nuages sont trop nombreux et trop épais, si celui qui veut les traverser est trop faible, cet effort, dût-il durer mille ans, est peine perdue.

La seule méditation qui puisse conduire à l'unité et non à l'identification est le : « Qui suis-je ? » proposé par Shri Ramana Maharshi. C'est aussi la méditation que Gautama Sakyamuni a pratiqué sous l'arbre pipal près de Gaya après avoir mis fin à ses austérités et ses jeûnes en avalant le riz au lait offert par Sujata.

Mais *qui* pose la question silencieuse ?

Beaucoup de Bouddhistes tiennent ce raisonnement : Le Bouddha a constaté que les études auprès de ses deux gourous, Alarakalama et Rudraka, puis les mortifications ne le conduisaient pas à la Vérité. Il s'est alors assis sur un coussin d'herbe, au pied d'un arbre pipal, et a déclaré : « Que ma peau, ma chair, mes nerfs, mes os et mon sang se dessèchent plutôt que je renonce à mes efforts avant d'avoir réalisé tout ce qui peut être réalisé par la ténacité et par les forces de l'homme. »

Après avoir cherché la vérité hors de lui, ou comme un « objet » qu'il puisse appréhender, Gautama a décidé de la trouver en lui. Il s'est ouvert à la Vérité, donné à la Vérité. Il s'est assis, il n'a plus bougé, il a traversé tous les *dhyanas* (ou *jhânas* en pâli), c'est-à-dire une succession d'états de conscience de plus en plus subtils et il a atteint le nirvana.

Donc, pensent et mettent en pratique ces bouddhistes, la seule activité utile sur la Voie est de faire comme a fait Gautama : s'asseoir immobile en méditation.

La tradition dit que le Bouddha a parcouru tout ce chemin intérieur en une nuit. Comment se fait-il alors que tant de milliers d'orientaux et d'occidentaux, qui méditent au nom du zen, du védanta, du yoga, aient besoin de plus d'une nuit pour parcourir ledit chemin ou, plus exactement, qu'après un an, deux ans, cinq ans de méditation, ils ne l'aient pas encore parcouru et ne soient toujours pas devenus des Bouddhas ?

*Qui* médite ?

Il y a un abîme entre imiter le Bouddha et suivre le Bouddha, entre imiter le comportement du Bouddha et suivre l'enseignement du Bouddha. Gautama Sakyamuni était un homme dont *tous* les attachements étaient tombés : ni la gloire (il avait été prince héritier), ni l'argent (il avait vécu dans un palais), ni le sexe (il avait eu une femme ravissante et autant de concubines qu'il pouvait souhaiter), ni même son fils qui venait de naître lors du grand départ ne l'avaient retenu. Qui peut en dire autant ? (Le nom de ce fils, *Rahula,* signifie lien ou attachement).

Ensuite, tout ce qui restait en Gautama d'intérêts, il l'avait assouvi et en avait vu la vanité : l'étude intellectuelle, les exercices yoguiques, les pratiques ascétiques. *Tout ce que l'on croit devoir faire et pouvoir faire, dans son cas, il l'avait fait.* Pour en voir l'inefficacité, soit. Mais là aussi il était libre. Ce qui demeurait en lui de *vasanas* à cet égard s'était manifesté et dissipé. Il était arrivé à la dernière extrémité de lui-même.

Que nous enseigne l'histoire (ou la légende didactique) des années d'ascèse de Gautama ? Le prince-moine a d'abord cherché la Réponse comme une vérité qu'il puisse appréhender sans mettre en question l'existence même de son individualité distincte. Et il ne l'a pas trouvée. Personne ne peut saisir une Réalité qui le dépasse. Aucun être fini et limité ne peut conquérir ou réaliser l'Infini et l'Illimité. Il peut seulement laisser ses limites être brisées par cet Infini, laisser son mental obscurci par les oppositions et les contradictions être illuminé par la Vérité non-duelle.

Enfin, la tradition nous décrit comment Mara, la maya des Hindous, essaya toutes les tentations pour empêcher Gautama d'atteindre son but : le ciel, la terre, les dieux, les démons, son épouse, l'Univers entier se mettent de la partie. Je n'entrerai pas dans les détails symboliques de cet assaut que décrivent les textes mahayanistes et les thankas tibétaines. Si les Hindous disent *sarvang manas eva*, « en vérité tout est mental », les Bouddhistes affirment aussi : *everything is within the mind*, ou encore *it is all product of your own mind*. « Tout est dans le mental » ou « Tout est un produit de votre mental. » Tout ce que la légende décrit comme venant assaillir Gautama de l'extérieur représente les forces, les peurs, les désirs qui montent de l'inconscient à la surface lorsqu'on procède au « récurage de la mare » ou au nettoyage de ses propres écuries d'Augias. *Maya* (ou *mara*) pour le général et *manas* pour le particulier désignent le même monde phénoménal de multiplicité et de séparation. C'est seulement après être passé à travers tout le monde des tentations encore enfouies en lui, après avoir liquidé toutes les sources de pensées et d'émotions dualistes que Gautama a pu méditer avec succès.

Pour permettre aux hommes de découvrir ce qu'il a découvert, le Bouddha a enseigné la voie, appelée *asthanga marga*, « voie en huit parties » (ou huit ramifications). Dans cette voie, la méditation et les états de conscience supramentaux sont précédés par d'autres pratiques qui doivent toutes être *samyak*, ce qui signifie parfaites : volonté parfaite, action parfaite, parole parfaite, moyens d'existence parfaits, attention parfaite et, pour commencer, *samyak drishti* : la vue parfaite. *Drishti* est souvent traduit par « les vues » donnant à penser qu'il s'agit d'idées, de conceptions. Non, *drishti* signifie : voir, voir ce qui est, au lieu de penser, d'interpréter. *Drishti* signifie : échapper à sa subjectivité. Il n'est donc pas question, dans l'enseignement même du Bouddha, de se contenter de méditer ou de méditer de but en blanc sans préparation.

Dans l'Hindouisme, les termes *dharana, dhyana* et *samadhi* sont surtout utilisés à propos du raja-yoga tel qu'il est enseigné dans les yoga-sutras de Patanjali. Ces yogas-sutras décrivent un chemin également en huit parties dans lequel la méditation est précédée par *yama, niyama, asana, pranayama* et *pratyahara.*

J'ai déjà insisté dans le Tome I sur l'importance de *yama* et *niyama,* principes tout à fait semblables à ceux indiqués par le Bouddha : *ahimsa,* l'absence de toute agressivité (la « non-violence »), *satya,* la véracité, être dans le vrai, *brahmacharya,* la possibilité d'amour universel qui vient lorsque l'amour sexuel est dépassé, *asteya,* non seulement ne pas voler mais ne pas convoiter, *mitahara,* la sobriété, *aparigraha,* la non-acceptation de cadeaux, *shaucha,* la pureté, *upakshana,* l'équanimité, *santosha,* le contentement, *tapas,* l'effort intense (pour ne pas dire « héroïque »), *dâna,* la charité, et enfin la foi dans l'Enseignement et dans le Gourou.

Voilà donc les conditions préalables requises pour « méditer » valablement et légitimement.

Trop souvent, selon la célèbre comparaison védantique, la méditation consiste à s'occuper de la corde au lieu de s'occuper du serpent. Cette image qui, pour être fort connue, n'en demeure pas moins fort instructive est la suivante. Je marche dans la pénombre et, tout à coup, que vois-je par terre juste devant moi, à moitié enroulé sur lui-même ? Un serpent. Je m'arrête, partagé entre la curiosité et la peur. Mon cœur se met à battre. Mais ce n'est qu'un morceau de corde. Il n'y a pas de serpent, il n'y a jamais eu de serpent. Tant que je « vois » un serpent, je ne vois pas la corde abandonnée par terre. Un cardiaque peut mourir pour avoir rencontré une corde et « vu » un serpent. Inutile de dire que personne ne « voit » qui voit un serpent mais seulement « pense ». La corde représente la Vérité absolue, une et sans-un-second. Le serpent représente le monde phénoménal de la multiplicité, de maya et manas. Cette comparaison avec un serpent est beaucoup plus éloquente pour des Indiens que pour des Français. Je ne l'ai vraiment comprise que le soir où, dans la campagne indienne, j'ai moi-même vraiment pris une corde pour un serpent. La curiosité était beaucoup plus forte que la crainte. Après un long moment je me suis approché de ce serpent si immobile et j'ai vu ma méprise.

Il est certain que celui qui voit la corde ne voit plus le serpent. Celui qui voit brahman ne voit plus maya et voit la multiplicité comme l'expression de l'Unité. *Brahma satyam jagan mithyâ* : le Brahman est la Vérité (ou la Réalité), la manifestation est irréelle (ou illusoire). Mais comment peut-il voir la corde, celui qui justement, voit un serpent ? C'est seulement en étudiant attentivement le serpent qu'on le fera disparaître et qu'on verra la corde. Le serpent est dans notre mental. La fausse vision, l'ignorance est dans le mental. Un voyage de Paris en Inde ne commence pas en Inde, il commence à Paris. Le chemin de la Sagesse ne commence pas à la corde, il commence au serpent. Il n'y a pas d'autre point de départ que le niveau auquel un homme est situé dans maya et dans son manas. L'expression courante « un chercheur de vérité » *(a seeker of truth)* peut même induire en erreur. Il est plus juste de dire : un étudiant de la non-vérité, des apparences. Regardons ce serpent. Comment se fait-il qu'il ne bouge jamais, qu'il ne cherche jamais à manger ? Où est sa tête et où est sa queue ? Comment réagit-il si je le pousse avec un bâton ? Gandhi a écrit son autobiographie sous le titre : « Mes expériences avec la vérité. » Mais on ne peut expérimenter qu'avec la non-vérité. On ne fait pas d'expérimentation avec la Vérité : on peut seulement *être* la Vérité. Il faut vivre et comprendre ses attachements pour pouvoir se détacher. Avant de voir les choses telles qu'elles sont, il faut d'abord cesser de les voir telles qu'elles ne sont pas. Il faut que notre fausse vision des choses perde pour nous son caractère de certitude illusoire. Cette fausse vision se manifeste concrètement par la partialité, les opinions, l'opposition de ce que nous aimons et ce que nous n'aimons pas *(likes and dislikes)*.

*
**

Tout attachement est un obstacle sur le chemin vers le Soi et, pour commencer, un obstacle à la méditation. A des degrés et selon des modalités qui varient avec chaque individu, les hommes sont attachés au succès, à l'argent et au sexe. Comme dans tous les autres aspects de l'existence, leur anormalité ou leur infantilisme relatif — les pourcentages respectifs d'enfant et d'adulte qui coexistent en eux — joue ici un rôle essentiel.

Aussi longtemps qu'une chose existe pour nous, nous ne pouvons pas en être libre.

Je parlerai d'abord de la réussite, en incluant dans ce domaine tout ce que recouvrent les mots gloire, succès, célébrité, la réputation bonne ou mauvaise, la louange et le blâme, l'admiration et le mépris, le besoin d'être apprécié, la peur d'être critiqué. A chaque étape de son évolution personnelle, comment un homme ou une femme se situe-t-il par rapport à ces données ?

Aussi longtemps qu'existe pour vous quelque chose, une entité, appelée réussite, il y a deux : la réussite et vous. Vous avez une certaine relation, positive ou négative, avec cette réussite, donc une possibilité d'identification.

Naturellement, s'il y a des lois générales, chaque homme et chaque femme est un cas particulier. Certains ont absolument besoin de gloire et de célébrité, d'autres moins, d'autres ont peur d'être connus et qu'on parle d'eux. Certains ont beaucoup d'ambition, d'autres en ont peu. L'origine de ce besoin se situe toujours dans le passé, soit le passé général s'il s'agit d'un individu au mental normal, soit un passé particulier s'il s'agit d'un mental anormal. Chez certaines personnes, l'identification avec leur classe ou milieu social est assez forte pour limiter leur besoin de sortir du rang. Bien des hommes qui ne sont pas des sages acceptent à peu près que tout le monde ne puisse pas être un patron, un écrivain connu, une vedette du sport ou du spectacle, un leader, un personnage public dont les gens parlent ou qu'ils reconnaissent. Chez d'autres — célèbres ou complètement inconnus — le besoin de notoriété est pathologique. Mais qui manifeste une équanimité parfaite en face de l'admiration ou de la critique ? Je pense en particulier à l'admiration par les personnes du sexe opposé.

Certains — et certaines — aspirent à une gloire quantitative : être admirés par le plus grand nombre de gens possible, par le « public », par la « foule ». D'autres cherchent une gloire qualitative, veulent être reconnus et vénérés par une certaine catégorie de gens de leur choix : les médecins, les aristocrates, les intellectuels de gauche, les joueurs de golf. Chacun désire être apprécié par ceux qu'il rencontre : « Je leur montrerai qui je suis », « Vous ne savez pas à qui vous parlez. » Ce besoin joue aussi beaucoup à l'intérieur du groupe familial. Comme la méconnaissance d'eux-mêmes dans laquelle vivent les hommes est immense, ceux pour qui la célébrité ne paraît pas être un problème ignorent complètement leur servitude à la dualité « être apprécié - être critiqué ». Car naturellement, la crainte d'être critiqué et refusé est l'autre face du besoin d'être approuvé et reconnu.

Une certaine quantité de succès, variable avec chaque individu, est indispensable sur la Voie de la Libération. Un être qui se sent frustré, repoussé, méconnu, demeure attaché à son besoin de réussite et d'affirmation de lui même. L'impression de n'être rien, de ne pas avoir « la place à laquelle on a droit », entraîne une nécessité permanente de compensations, la sensibilité exagérée à la moindre critique, l'enthousiasme excessif à la moindre approbation. Certains cherchent cette compensation dans la « vie spirituelle » et les enseignements ésotériques qui permettent de s'admirer soi-même et de se considérer comme une élite (les « élus ») infiniment supérieure à toutes les autres. Ce genre de candidats à la sagesse s'identifie d'ailleurs beaucoup plus avec l'image du maître-admiré qu'avec celle du disciple-anonyme. Il est probable qu'au bout de quinze ans, trente ans, ils n'auront même pas commencé à être des disciples.

Je viens d'employer l'expression commune : « la place à laquelle j'ai droit ». Elle traduit bien à quel point la notion de réussite est subjective. En vérité la place que j'ai — aujourd'hui— est exactement celle à laquelle j'ai droit — aujourd'hui. La conviction d'avoir droit à une autre place supérieure est une expression de l'inconscient, le souvenir enfoui d'une situation privilégiée, glorieuse, qu'a eue le petit enfant et qu'il a perdue. C'est le cas courant de beaucoup d'aînés plus ou moins brutalement détrônés par un nouveau venu dans l'amour de la mère et les « applaudissements à grands cris du cercle de famille » dont a parlé Victor Hugo.

La voie du « renoncement » commence par l'acquisition. A celui qui a soif de succès, la liberté ne peut venir qu'après le succès. Tant qu'on ne connaît pas une chose, on demeure attiré par elle. Le sentiment : « J'ai eu », « j'ai obtenu » est indispensable à une confiance en soi elle-même indispensable à la croissance émotionnelle. Le manque de confiance en soi est la plus grande source de dépendance. Dépendance qui prend souvent la forme infantile : « J'ai droit à ceci, donc on doit me le donner. » « On », c'est-à dire la vie, les autres.

Quand un témoignage de réussite se produit, celle-ci paraît d'abord totale. « Ça y est, je suis comblé, je suis satisfait. » Il y a exultation, enthousiasme, puis, quand cette émotion s'est calmée, subsiste un sentiment de plénitude techniquement appelé *ananda*, la sérénité qui vient de l'absence de désir. *Ananda* n'est pas une émotion. Ensuite, de nouveau, le besoin de plus se manifeste. Normalement, vient un moment où l'homme éprouve : « J'ai eu assez. » Pas : « J'ai eu tout. » J'ai eu assez et pourtant quelque chose manque. Ici intervient la vision claire d'une vérité fondamentale : aucun désir ne peut être totalement satisfait donc aucun désir ne peut être satisfait. Si tous les journaux français ont parlé de vous, reste que vous n'êtes pas mondialement connu. Si vous êtes mondialement connu, il n'en demeure pas moins que beaucoup de gens ne vous admirent pas, vous critiquent, vous calomnient. En outre la vérité est que personne ne *vous* admire. Chacun n'admire que sa vision subjective de vous, ce qu'il pense de vous à travers ses propres émotions. Personne n'a admiré de Gaulle : chacun n'a admiré que *son* de Gaulle.

La relativité du succès ou de l'insuccès devient si claire, si évidente, que la dualité réussite-échec apparaît pour ce qu'elle est : une illusion. Elle n'existe plus pour moi et j'en suis libre.

Si on connaît une chose on n'est plus attiré par elle. Qu'elle vienne ou qu'elle s'en aille ne fait aucune différence. Il arrive pourtant souvent que les apparences semblent contredire complètement cette affirmation. On constate même que « plus quelqu'un a...

quoi que ce soit, plus il en veut ». Mon activité professionnelle à la télévision m'a amené à connaître un certain nombre d'artistes célèbres. Après vingt ans d'applaudissements ils ont encore besoin de leur gloire, ils sont encore sensibles à un article ou à une photo dans la presse. Si quelqu'un est toujours attiré par une chose, c'est qu'il ne la connaît toujours pas. Qui a donc eu tout ce succès ? Pas celui en eux qui le voulait : l'enfant délaissé, privé d'affection. Car c'est là leur vérité profonde, leur essence (relative) derrière leur apparence. Don Juan cherche sa mère chez des milliers de femmes. Et, quand il quitte sa millième maîtresse, une voix d'enfant désespéré pleure toujours au fond de son inconscient : « Où elle est, ma maman ? Où elle est, ma maman ? » Celui qui a réussi dans la vie, quel que soit son champ d'activité, s'il est un adulte, devient libre parce qu'il a eu ce qu'il voulait. Celui qui n'est toujours pas libre, après avoir apparemment tant eu, voulait et veut toujours autre chose que ce qu'il a eu : il est des cas où les applaudissements de millions d'admirateurs pendant vingt ans ne peuvent pas remplacer les seuls applaudissements du cercle de famille, un seul bravo d'un papa ou d'une maman.

⁂

Le second champ de bataille de l'attachement et de la libération est l'argent.

L'argent est autant un symbole qu'un moyen d'échange. Le compte en banque, qui pourvoit en argent, donc en tous les biens possibles, est associé au souvenir inconscient de la première providence : la mère. La crainte permanente de manquer d'argent est souvent l'expression d'un traumatisme d'abandon ou de trahison du petit, ou du tout petit enfant par sa maman. La banque, c'est la mère.

Il faut d'abord distinguer ce qui est un besoin et ce qui est un luxe. D'une façon générale manger est un besoin, se vêtir est un besoin, s'abriter est un besoin. Manger une nourriture particulière, de la choucroute plutôt que du rôti de veau, est un luxe. S'habiller de tweed noir et blanc plutôt que de chevrons bleus est un luxe. Vivre dans du mobilier Knoll plutôt que du Napoléon III est un luxe. On ne peut vivre sans manger, sans se protéger du froid, sans une habitation : les oiseaux ont des plumes et un nid, les lapins une fourrure et un terrier. Mais on peut vivre en ne mangeant jamais les plats dont on rêve, en ne suivant pas la mode, et dans un logement très simple, meublé de quelques caisses.

Cette distinction entre besoin et luxe est, comme tout dans le monde phénoménal, relative et dépendante. La quantité de phosphore, de protéines, d'hydrates de carbone nécessaires à un intellectuel et à un travailleur de force n'est pas la même. Un peintre en bâtiment, un garde républicain et un directeur d'usine n'ont pas besoin du même vêtement.

A un moment de son évolution, un certain homme a besoin de satisfactions qui seraient un luxe pour un homme différent ou pour lui-même plus tard. Si un peu de succès ou de réputation est indispensable à beaucoup pour pouvoir progresser, d'autres ne peuvent être libres qu'après avoir connu certains des biens que procure l'argent : voyager, avoir une automobile luxueuse, descendre dans un hôtel de premier ordre, porter une robe de couturier. Une expérience réellement faite, par un homme unifié et présent à ce qu'il vit, est assimilée, devient partie de son être : sur ce point, il est libre.

Comme partout, le maître tout-puissant en la matière est le mental. Même les besoins essentiels, organiques sont relatifs : il y a des yogis hindous et tibétains qui vivent dans les montagnes, au niveau des glaces, en hiver, vêtus d'une seule étoffe de coton ; d'autres n'absorbent que des quantités incroyablement réduites de nourriture ; d'autres couchent dans les jungles à la belle étoile. Que leurs austérités *(tapas)* aient une valeur spirituelle ou non, les ascètes indiens ont prouvé jusqu'où pouvait aller la capacité humaine à endurer des conditions exceptionnelles et combien les besoins primordiaux sont eux aussi dépendants de facteurs divers.

La confusion entre ce dont les hommes ont besoin et ce qu'ils veulent ou ce qu'ils aiment est presque inextricable : « Je ne peux pas me passer de ceci. » En cas de guerre, déportation, cataclysme, les gens découvrent qu'ils peuvent se passer de tout. Parce qu'une émotion nouvelle les emporte, certains abandonnent ce qu'ils considéraient comme indispensable. Cet abandon peut même être vrai et durable : c'est le cas pour les grandes conversions, de saint François d'Assise à Charles de Foucauld.

Beaucoup d'hommes et de femmes imaginent que l'exercice de leur profession les oblige à des frais professionnels indispensables : avoir une puissante automobile, être vus dans les lieux à la mode, recevoir beaucoup. D'autres, pourtant, réussissent aussi bien ou mieux dans la même activité avec une petite voiture, des vêtements de confection et pas de vie mondaine.

Le réseau des attachements, des désirs de posséder et des peurs de manquer est indéfiniment varié et complexe. Mais il s'agit toujours d'attachements, donc d'obstacles implacables sur le chemin vers la réalisation du Soi.

Reste, même pour celui dont les prétendus besoins ont considérablement diminué, le sens de la responsabilité : j'ai une femme et des enfants à nourrir, des factures à payer, tout coûte cher, n'oublions pas les impôts, etc. Ce livre étant consacré aux chemins de la Sagesse et non à la sociologie ou à l'économie, je vais donner ici une définition du Sage qui pourra surprendre ou choquer mais qui n'en est pas moins vraie : le Sage — autrement dit celui qui n'a plus d'ego, qui est libre de l'ego — ne sent aucune responsabilité en quelque domaine que ce soit. Il est. Et, parce qu'il est, il (un « il » qui ne signifie certes pas une individualité) attire ce qui est nécessaire à sa fonction particulière. Ou mieux, simplement : une attraction s'exerce.

La Loi d'attraction est fondamentale pour comprendre le jeu de l'attachement et de la liberté vis-à-vis de l'argent. Bien avant qu'ait été formulée et acceptée en Europe la loi de la gravitation universelle, la science ésotérique de l'Inde avait reconnu que l'attraction était la loi de la manifestation ou de la multiplicité : « s'il y a deux (deux objets) deux s'attirent ». Nous savons maintenant que cela est vrai au plan physique : si un homme plus fort que moi me saisit et me tire vers lui, la force d'attraction est perceptible ; si ma montre m'échappe des mains, elle tombe, parce qu'elle est attirée par la terre : la science nous enseigne que la montre attire la terre autant que la terre attire la montre ; un aimant attire, il est entouré d'un champ magnétique.

L'aimant attire sans sélectionner. Mais bien que tout soit attiré, ne répond que ce qui a une affinité spéciale avec lui : le fer. C'est une question d'accord, de résonance. Tout être humain attire. Cela est naturellement vrai au plan physique de la gravitation universelle. Cela est vrai aussi sur un autre plan que l'on peut appeler mental, psychique, subtil. Nous attirons tous les événements de notre existence. De même que l'O.R.T.F., Europe 1 ou R.T.L. « émettent », tout être humain « émet ». Les ondes de radio et de télévision se propagent partout, mais il faut un poste récepteur pour les capter et il faut que ce poste soit réglé, accordé sur une longueur d'onde déterminée pour réagir à France-Inter plutôt qu'à France-Culture. Mentalement chacun attire chacun, mais ne répondent à cette attraction que ceux qui sont réglés sur la même « longueur d'onde ». Cette attraction s'exerce non seulement sur les êtres humains mais sur tout ce qui constitue le monde phénoménal. Chaque homme attire, son être émet ou rayonne tout autour de lui, mais ne répond que ce qui a une affinité avec cet être. Avant même d'avoir l'être de M. Untel, un homme est un être humain et non un animal ou une plante. En tant qu'être humain, il attire certains phénomènes dans l'ensemble de l'univers. Un homme a un rayonnement, donc attire certains événements, en tant qu'élément de l'univers ; en tant qu'élément de la vie organique sur la terre ; en tant qu'être humain et non végétal ou animal ; en tant qu'Occidental, Oriental, Africain ; en tant que Français, Italien, Danois ; en tant que bourgeois, ouvrier, paysan ; en tant que produit d'une culture et d'une éducation qui concernent toute une communauté ; en tant que mâle ou femelle ; en tant que vieux ou jeune. Ensuite, les déterminismes se particularisent : hérédité, éducation et influences non plus de la société ou du milieu mais du père et de la mère particuliers, etc. Chaque être est différent, unique.

Il n'y a jamais deux dans la Manifestation qui soient exactement pareils. Tout ce qui me vient, agréable ou pénible, me correspond. Si quelque chose — « amour, argent, succès » et tout ce que promettent les diseuses de bonne aventure — ne me vient pas, c'est que cela ne me correspond pas.

J'attire certains événements — en apparence plaisants ou déplaisants — qui me concernent spécialement. Mais, lorsque je voyage en Asie, par exemple, j'attire certaines rencontres non parce que je suis moi, individuellement, mais généralement parce que je suis un étranger, parce que je suis Français et il en serait de même de tout Français à ma place. Il est évident que je ne vais pas attirer un étudiant indien désirant perfectionner sa connaissance de l'allemand ou du russe. Pour être encore plus explicite, je dirai que, comme être humain je n'attire pas les chasseurs que les lapins et les perdreaux attirent chaque année à l'automne.

Appliquée au plan financier, la loi est formelle : si j'ai besoin d'argent, j'attire de l'argent. J'ai dit : si j'ai besoin d'argent. Je n'ai pas dit : si j'aime l'argent ou : si j'ai envie d'argent. S'il y a en nous une très forte vibration, celle-ci rayonne, irradie. Mais elle n'est efficace que si elle est très forte, c'est-à-dire si nous sommes unifiés. S'il y a aussi, au-dedans de nous, un doute, ce doute rayonne lui aussi, produisant un effet contraire. L'attraction finale est la résultante des forces divergentes ou contraires qui nous animent. Seule la foi soulève les montagnes.

Cette loi d'attraction explique comment, si souvent, les fonds arrivent comme par « miracle », qu'il s'agisse d'un individu ou d'une collectivité. Elle explique aussi comment les prières sont exaucées.

Cela dit, tout destin individuel se trouve inséré dans un destin collectif. A partir du moment où je suis monté dans un avion, ce n'est plus moi qui voyage, c'est l'avion. Mon sort est devenu le sort de l'avion. Si cet avion est accidenté, je suis tué ou blessé avec les autres passagers. Tous les habitants d'Hiroshima, jeunes ou vieux, riches ou pauvres, bons ou méchants, heureux ou malheureux, ont été tués par la même bombe atomique. Quel que soit le besoin de nourriture que puisse avoir, pour elle ou pour ses enfants, une femme vivant dans un pays où sévit la famine (Biafra, Bengale) elle mourra peut-être de faim avec les autres. Mais il n'y a pas d'exception individuelle à la Loi de l'attraction. Chaque fois que nous sommes certains de constater une exception, la raison en est que l'action de la loi nous échappe dans le cas particulier et qu'il n'y avait pas attraction, contrairement à ce que nous pensons, ou que cette attraction était annulée par un rayonnement contraire aussi puissant.

Le sage, le jivan mukta (« libéré vivant »), ne se sent pas de responsabilité : le « se » a disparu. Il n'y a plus personne pour être ou n'être pas responsable. L'homme dont la conscience est encore celle de l'ego demeure soumis à la nécessité de l'action. Prisonnier de la barrière illusoire entre le moi et le non-moi, l'homme ne peut envisager l'action que comme une intervention sur des éléments extérieurs à lui. Une action peut ou non réussir, peut ou non donner les résultats espérés. Puisqu'il faut gagner, l'action apparaît comme un combat, une lutte et, presque toujours, une lutte contre autrui dont il faut être victorieux. C'est cette attitude qui nous enchaîne à l'action. Tant qu'un homme conçoit la vie comme des conflits d'intérêts, il demeure prisonnier de la multiplicité. C'est un jeu perpétuel de tension et de détente auquel peut seul faire échec la certitude d'attirer ce dont nous avons besoin, véritablement besoin. L'action demeure mais elle devient de plus en plus désintéressée et un sentiment d'harmonie et de communion universelle s'établit peu à peu.

Si je fais ce que je sens et pense que je dois faire, dans une circonstance donnée, je m'exprime pleinement. Alors l'ego est soulagé, détendu et, pour le moment, je deviens un avec la force universelle d'expansion, avec la vérité de la Nature. Le mouvement général de l'univers est l'expansion, le retour à l'Infini. Ce mouvement ne s'effectue pas régulièrement mais par une série de contractions et dilatations. L'ego nous maintient séparés, coupés de l'Univers : l'évolution de l'homme — l'élargissement de l'ego — s'accomplit elle-même par une suite d'expansions et de contractions. Lorsque l'homme a agi comme il croyait devoir et pouvoir le faire, il cesse de se sentir séparé de la vie universelle. Il est en paix : il éprouve un sentiment de stabilité.

Aussi longtemps que l'homme est conscient de lui-même comme d'une entité séparée, il se sent responsable, il considère que ses actions vont produire certains résultats. Il agit. Cela détermine en lui un sentiment d'expansion et de paix. Puis, de nouveau, il se contracte, il se rétracte. Il pense qu'une autre action lui est demandée. Et ainsi de suite. L'homme pense qu'il *doit* gagner de l'argent à la sueur de son front pour pouvoir acquérir ce qu'il *doit* acquérir. Se sentir responsable, c'est demeurer enchaîné à l'action, donc à la réaction. Le secret des événements, c'est la loi d'attraction. Dans les Evangiles, celle-ci s'exprime comme confiance absolue en la Providence divine.

***

Le désir de gloire et le désir d'argent sont deux chaînes puissantes. Mais le plus solide portail de la prison est le sexe.

Je lui ai consacré un chapitre du Tome II, dans la perspective du passage de l'anormal au normal. Je l'envisagerai maintenant dans le sens de l'évolution vers le supra-normal.

L'instinct sexuel est une donnée de la Nature : on

le trouve chez les plantes, on le trouve chez les animaux et, dans la mesure où l'être humain est un produit de la Nature, il y est soumis. Rien ne permet de nier ou renier ce fait. Mais cette sexualité peut être vécue soit comme un esclavage aux émotions de l'ego, soit comme liberté dans la compréhension.

La sexualité est un domaine particulièrement significatif pour l'application d'un principe qui a une valeur générale. Ce principe est la reconnaissance d'une loi et d'une justice supérieures aux désirs et aux refus de l'individu. Il est de plus en plus méconnu et bafoué. De tous côtés, le monde moderne suggère, insinue, conseille, déclare, proclame : « Satisfaites vos désirs. »

Avant d'aborder ce sujet avec quelque détail, je veux d'abord préciser un point. En ce qui concerne la sexualité, la « sublimation » enseignée en psychologie n'a rien à voir avec le chemin vers la Libération. « C'est en n'ayant pas d'activité sexuelle normale, en sublimant son énergie sexuelle, que tel compositeur a écrit ses symphonies. » Ledit compositeur est encore moins libre de sa sexualité qu'un homme réputé sensuel. Sa musique n'exprime aucune liberté et ne contribuera pas à rendre libre les auditeurs. L'énergie sexuelle est demeurée aussi contraignante mais elle a pris un masque flatteur. En général il n'y a qu'à observer combien la plupart des artistes sont esclaves de leur art et identifiés à leur personnage d'artiste pour voir à quel point il est rare que l'art soit une voie de Libération. En la matière, la seule vérité est que, relativement, en relation avec l'acte de peindre, de composer de la musique, j'ai « l'être d'un peintre », j'ai « l'être d'un musicien ». Il y a deux : Je et l'artiste, et une identification de « Je » à l'artiste. La liberté est aussi la liberté par rapport à son travail, à ses dons, à sa vocation, à sa mission, à toute activité accomplie comme expression du sens de la séparation.

D'autre part, on associe souvent, et avec juste raison, l'attachement à la nourriture et l'attachement au sexe. C'est une servitude dont je veux également dire quelques mots au passage. Si deux tiers des hommes sont sous-alimentés, un tiers est suralimenté. Les organismes — et je veux répéter encore ici que somatique et psychique sont une unité — s'encrassent et s'alourdissent de dépôts inutiles. La question de la nourriture est donc importante sur le chemin de la sagesse. La première fonction est celle de manger. Si la respiration est la vie elle-même, téter ou sucer est la première activité du bébé. Une existence individualisée (une « créature », *jiva*) est déterminée par deux intérêts : manger (pour le corps) et le sexe (pour les émotions). Celui qui peut contrôler ces deux fonctions a la maîtrise de tout son corps. Il peut aussi rendre justice ou faire honneur à ce corps.

Il faut distinguer la nécessité de manger et le luxe de manger selon ses goûts. Le corps physique est un résumé de tout l'Univers. Tout s'y trouve, fût-ce à l'état de « traces ». Tout ce qui constitue l'univers peut constituer une nourriture pour l'homme. Mais, pratiquement, les conditions individuelles, à commencer par l'hérédité, font que n'importe qui ne peut pas manger n'importe quoi. Le choix de la nourriture doit donc dépendre de la constitution de chacun et non de ses goûts et préférences. Chaque aliment a son propre goût mais les hommes sont prisonniers d'un goût particulier et refusent certaines nourritures parce qu'ils n'y reconnaissent pas le goût qu'ils cherchent. Quand quelqu'un a faim, il n'est plus question de goût particulier. Le contrôle de la nourriture ne consiste pas à se priver de manger, même si les jeûnes sont, à certaines conditions, extrêmement bénéfiques. Le contrôle de toute activité se fonde toujours sur le sentiment juste de la nécessité, la conscience de ce que nous faisons et pourquoi nous le faisons. Une activité inutile est absurde, irréelle, mensongère. Il faut voir ce qui est nécessaire et le faire, voir ce qui n'est pas nécessaire et ne pas le faire. La réalisation joyeuse, venant du cœur, de « quoi » et « pourquoi » rend le contrôle positif, facile, naturel : voici ce qui est juste. Sinon le contrôle est mécanique et réactionnel. En matière de nourriture, la maîtrise consiste à manger selon les besoins particuliers de son organisme et manger un peu moins que ce qui paraît nécessaire. Il existe un esclavage insidieux à la nourriture qui ne paraît ni grave ni inquiétant mais qui est la fondation de tout l'édifice de la servitude. Trop manger rend lourd, tout le monde est d'accord. Malheureusement tout le monde ne mesure pas la gravité de cette lourdeur.

*
* *

Et maintenant, j'en reviens au fait de l'instinct sexuel et de son accomplissement.

Seul dans la nature, l'homme est doué de subjectivité. Seul il compare. C'est une bénédiction. C'est une malédiction. C'est ce qui lui permet de s'élever au niveau de Dieu. C'est ce qui lui permet de descendre infiniment plus bas que l'animal. Le besoin naturel se manifeste à travers le mental. A l'état pur, l'homme a besoin de la femme, d'une femme, d'une femelle. La femme a besoin de l'homme, d'un homme, d'un mâle. Pas d'une femelle particulière, pas d'un mâle particulier. Quand une chatte est en chaleur, on l'amène au mâle, au chat. On amène une vache au taureau. Dans certaines tribus dites primitives, où le mental est peu développé, les critères de sélection des hommes et des femmes n'ont rien à voir avec ceux des sociétés civilisées contemporaines. Un homme est tout à fait heureux de la femme qu'on lui attribue comme partenaire sexuelle, il ne se préoccupe pas de savoir si elle est belle ou laide mais si elle est assez robuste pour travailler.

Quand le mental intervient, il désire tel homme particulier, telle femme particulière. L'image inconsciente du père ou de la mère joue ici un rôle absolument fondamental. La conception de la beauté féminine par un homme est un transfert de l'image de sa mère, à l'intérieur de certains cadres généraux variant avec les sociétés et les modes : les femmes grasses chères à Rubens et même à Renoir ne correspondent plus au goût du jour. Un homme marié à une épouse que l'on s'accorde à trouver jolie, charmante, intelligente, est follement amoureux d'une femme moins belle, moins distinguée, moins aimable : pour des raisons inconscientes qui lui sont absolument personnelles, son mental croit avoir retrouvé sa mère en elle. Voilà comment naissent les grandes passions.

Cette subjectivité : je veux cet homme-là, je veux cette femme-là — ce que nous appelons l'amour — est la source d'innombrables drames. A nous, occidentaux du XXe siècle, un couple qui n'est pas fondé sur cet élément de choix individuel paraît inconcevable ou monstrueux. Nous pensons aux filles mariées malgré elles pour satisfaire les intérêts de leurs pères, aux adolescentes livrées à des vieux barbons dont nous parlent les pièces de Molière ou de Beaumarchais. Tout notre « héritage culturel », toute la littérature dont nous apprenons l'histoire au lycée sont une apologie de l'amour-désir ou de l'amour-passion. Sur ce thème les tragédies de Racine et les chansons populaires témoignent de la même vision du monde.

C'est pourquoi l'Occidental ne peut pas comprendre comment, depuis tant de siècles, quatre-vingtquinze pour cent des mariages dans toute l'Asie n'ont pas été fondés sur le choix mutuel des partenaires, sur ce que nous appelons, nous, « l'amour ». Les jeunes gens et les jeunes filles étaient mariés par leurs parents, après que ceux-ci aient minutieusement étudié les hérédités, les horoscopes et pris conseil d'un sage ou d'autres personnes avisées. Les célèbres *Kama-sutras* du sage Vatsiayana sont avant tout un guide indiquant comment marier les hommes et les femmes selon leur type. Ils distinguent quatre types d'hommes et de femmes selon l'intensité de leurs besoins sexuels et précisent en détail à quels signes ceux-ci se reconnaissent.

Jusqu'au dernier après-guerre, cette forme de mariage a été la règle. Et neuf sur dix de ces mariages, dans la société traditionnelle, étaient un succès. Les échecs — qui deviennent, peu à peu, de plus en plus nombreux — se rencontrent dans les milieux qui ont « décroché » de la compréhension millénaire et ont sombré dans la mentalité moderne. J'ai moi-même connu, en Inde et ailleurs, de nombreux couples de tous âges, y compris des jeunes, mariés récemment, qui avaient été unis de cette façon et dont la relation conjugale est un magnifique succès.

Nous sommes là dans un monde radicalement différent de notre monde contemporain. Etant moi-même un pur produit de la société occidentale, j'ai dû mettre bien des années pour assouplir mes préjugés, dépasser mes émotions, constater des vérités qui me sont longtemps demeurées inaccessibles. C'est en cherchant avec persévérance à mieux connaître les lois de la souffrance et du vrai bonheur — et à les connaître en référence à ma propre existence — que j'ai dû remettre en question beaucoup de mes premières certitudes de Français instruit.

En étudiant les données orientales en matière de sexualité et de rapports entre l'homme et la femme, j'ai été amené à faire certaines découvertes et à constater que beaucoup d'idées modernes sont des contre-vérités. Par exemple, les revues et magazines répètent aujourd'hui à satiété que le droit de la femme à la satisfaction érotique est une conquête de ce dernier quart de siècle. En fait, les traités d'érotisme hindous ou chinois remontent à l'antiquité et font la place aussi belle à la femme qu'à l'homme.

Mais il ne sert à rien de comparer, et on n'arrivera à rien en comparant des coutumes contradictoires sans comprendre la différence fondamentale qui existe dans les principes dont elles sont l'expression. *Les sociétés traditionnelles sont construites sur le sens de la nécessité. Le monde moderne est construit sur l'assouvissement des désirs, sur l'opposition de ce qu'on aime et ce qu'on n'aime pas.* C'est dans cette distinction que réside la séparation entre la voie de l'esclavage et la voie de la liberté ou de la sagesse.

La Réalisation et la méditation qui la rend possible sont l'achèvement naturel de la disparition naturelle des désirs et du détachement naturel, autrement dit de la liberté vis-à-vis de l'argent, du succès, du pouvoir et du sexe.

*
**

Bien qu'orientée vers l'état libre des désirs, la sagesse hindoue a toujours pleinement admis le fait même du désir. La tradition reconnaît quatre buts *(chaturvarga)* à l'existence humaine : *kama, artha, dharma* et *moksha.* On les appelle aussi *purusharthas,* objets des efforts de l'homme. *Moksha,* la Libération, est la réalisation de la Vérité éternelle (l'Absolu, le Soi). Une Upanishad dit : « Quand tous les désirs *(kama)* sont libérés, alors, immédiatement, le mortel devient immortel *(amrit)* et, sur le champ il atteint brahman. » *Amrit,* l'immortalité, apparaît donc comme couverte, cachée par les désirs. *Dharma* est le cadre à l'intérieur duquel peut et doit s'effectuer la satisfaction des désirs. *Artha* est l'obtention de l'argent et des moyens matériels qui permettent de réaliser les désirs. *Kama* signifie les désirs en général et le désir sexuel en particulier.

Chacun de ces buts est, comme les huit parties de la voie bouddhique, accompagné d'une idée de perfection, d'achèvement (parfaire signifie terminer). Ainsi *kama* signifie la perfection dans les domaines sensoriel, sexuel et sentimental. Si, techniquement, le mot désigne la sexualité, c'est en connaissance d'une vérité que l'Occident n'a plus ou moins redécouverte que récemment : le désir sexuel est le désir fondamental. Les autres désirs sont des désirs secondaires, les désirs d'objets consciemment ou inconsciemment considérés comme nécessaires à la satisfaction sexuelle, avouée ou refoulée : je désire la beauté, le prestige, l'élégance, etc., qui augmentent mon pouvoir de séduction. Ou bien les désirs sont des substituts du désir sexuel : l'automobile devient un substitut ou un symbole du pénis et le chauffeur conquiert des kilomètres au lieu de conquérir des femmes ; une femme qui se refuse un amant le remplace en mangeant tant et plus, etc. ; cette possibilité de réduire les désirs au désir sexuel a d'ailleurs été très sérieusement étudiée par la psychologie moderne.

L'Inde ancienne a regardé en face l'importance et la toute-puissance du sexe. Il y a des sculptures érotiques sur la paroi extérieure des temples hindous. Le célèbre Kama Sutra, vendu comme un livre affriolant en traductions étrangères mutilées, est l'œuvre d'un *rishi*, d'un très grand sage, Vatsiayana.

*Artha*, qui représente la perfection sur le plan matériel, va permettre l'assouvissement de ces désirs. Certains nous apparaissent comme purifiés : ce sont tous les désirs altruistes dont l'accomplissement constitue ce que nous appelons les bonnes actions. Il faut aussi de l'argent pour pouvoir être généreux et charitable. Mais toute action avec désir *(sakama karma)*, « bonne » comme « mauvaise », maintient encore l'homme dans le monde de la forme. C'est pourquoi kama et artha sont appelés *pravritti marga*, chemin de la jouissance dans le monde de la forme, tandis que *nivritti marga*, le détachement (terme plus exact que le renoncement) est le chemin de la Libération. Mais un chemin précède l'autre, sauf pour les êtres exceptionnellement rares qui sont qualifiés pour le détachement dès la fin de leur adolescence.

*Dharma* régit *artha* et *kâma* et représente la perfection sur le plan moral ou mental et surtout sur le plan social et non plus individuel. Dharma est la Loi dans tous les sens que peut prendre ce mot. Certaines actions sont considérées comme *dharma*, conformes à la Loi, d'autres comme *adharma*, non conformes à la Loi. Le mot sanscrit dharma est formé sur une racine qui a le sens de : tenir, maintenir, soutenir. Sans le dharma tout s'écroule. Le dharma est ce qui fait qu'une chose ou un être conserve sa spécificité, demeure intact. Le dharma c'est l'ensemble des lois scientifiques, c'est l'ordre cosmique ou naturel, c'est l'organisation d'une société en fonction de la vérité universelle.

Un ordre social juste, une culture digne de ce nom, sont fondés sur le sens ultime de la vie humaine : la croissance de l'être (de l'égoïsme au non-égoïsme). Je m'explique assez sur le But de l'existence, dans ce tome et dans les précédents, pour ne pas y revenir ici. Bien que chaque homme ou femme soit d'abord une individualité, la Nature n'a pas produit l'être humain à un seul exemplaire. Etre un homme conformément à la loi naturelle, au dharma, c'est reconnaître et accepter cette vérité : « Ma vérité est que je ne suis pas seul, que je suis un élément de la collectivité. » Les Chrétiens diraient : une cellule du corps du Christ. Chaque femme, chaque homme émet, rayonne et reçoit les émanations et rayonnements de chaque autre. Que nos egos le veuillent ou non, nous sommes solidaires.

Le dharma social part de la constatation que, comme individualité, chaque être humain est omnivore et insatiable : il veut tout pour lui. Un homme veut toutes les femmes, une femme tous les hommes. Cet égoïsme naturel étant cause de conflits il empêcherait la société de subsister. Le dharma qui soutient la société impose donc des limites à l'expression de *kama* et *artha* par chaque individu.

Mais le but de l'existence humaine étant l'élargissement des intérêts de l'ego par l'augmentation de la compréhension, une Société juste rend possible l'accomplissement de kama et artha et la croissance de l'individu en une personne *(purusha)* c'est-à-dire un individu harmonieusement inséré dans un ensemble de relations. C'est la voie normale vers la diminution des désirs, le détachement, la vision juste, etc., qui sont les conditions préalables de la méditation et de la Libération.

En ce qui concerne la sexualité, toutes les Sociétés ont attribué une femme (ou jusqu'à quatre dans l'Islam : polygamie) à un homme et un homme (ou plusieurs au Tibet : polyandrie) à une femme, et toutes les traditions et religions ont donné leur sceau à ce choix presque toujours considéré comme exclusif, définitif et sacré.

*
**

Entre la répression et la licence se trouve le juste milieu du contrôle. Tant qu'un individu s'efforce encore de s'emparer, de saisir à tâtons comme un aveugle, de s'approprier tout ce dont il a envie et tant qu'il croit encore y trouver son bonheur, il n'a pas commencé à devenir un adulte. La loi fondamentale est celle-ci : vous n'avez le privilège de prendre qu'en donnant. C'est le véritable sens du sacrifice.

Celui qui, simplement parce qu'il veut une chose, décide qu'il doit l'avoir n'est pas un homme mais un enfant. Celui qui, simplement parce qu'il ne veut pas ou ne veut plus d'une chose, la refuse n'est pas un homme mais un enfant. Quand je dis une chose, cela signifie aussi un autre être humain lorsqu'il s'agit de sexualité ou d'« amour ». Je veux cet amant, je l'aurai. Tant que j'en veux encore, je me le garde. Je n'en veux plus, je le balance. Je veux cette femme, il faut que je l'épouse. Je n'en veux plus, je divorce. A la limite on peut même laisser divorcer quelqu'un pour soi parce qu'on le veut et le répudier ensuite parce qu'on en veut un autre ou une autre. D'innombrables hommes et femmes dans la société contemporaine sont uniquement motivés par ce qu'ils aiment et n'aiment pas. Le même mot aimer, en français, est utilisé à la fois pour *to love* et *to like* en anglais. *Love* signifie l'amour véritable, *like* les goûts : j'aime la cuisine chinoise, je n'aime pas la cuisine japonaise, j'aime le bleu, je n'aime pas le rouge. Combien souvent *love* est abusivement employé pour ce qui n'est que *like.*

Inutile de dire que ces *likes* et *dislikes,* ces j'aime, je n'aime pas, je n'aime plus, ces émotions, hypnotisent le mental au point de lui faire tout justifier par de bonnes raisons extérieures à lui. Comme nous l'avons vu dans le chapitre « Voir et entendre », le mental rejette toujours la faute sur les autres. Avec un homme ou une femme emporté par ses émotions, il est impossible de parler. *Buddhi,* l'intelligence non-dépendante, est annihilée. C'est bien souvent, de plus en plus souvent, le cas.

Les lycées, cours, écoles, instituts donnent une instruction et un entraînement pour le cerveau ; la culture physique et l'apprentissage d'un métier manuel donnent une formation physique. Mais quelle éducation émotionnelle les enfants reçoivent-ils aujourd'hui ? Les parents eux-mêmes ne sont pas des adultes. Ils sont mûs par leurs propres émotions et n'ont ni le loisir ni la disponibilité nécessaires pour rechercher chaque fois la cause profonde du comportement de leurs enfants. Aussi consciencieux et méritoires que soient heureusement demeurés la plupart des maîtres ou maîtresses d'école, ils ont trop d'élèves pour pouvoir vraiment s'occuper de chacun en particulier. Le catéchisme consiste en notions à croire et à apprendre et il est contredit par toutes les affirmations et suggestions de la société moderne. Les livres, films, programmes de télévision ne sont que l'expression des émotions, des préférences et des hostilités de leurs auteurs. Il n'y a rien d'étonnant à ce que la croissance émotionnelle ne se produise plus. Les prétendus adultes demeurant des individus infantiles animés par l'impérieuse nécessité de satisfaire à tout prix leurs désirs et pour qui la raison d'être de leur existence est cette satisfaction. Ces désirs sont d'ailleurs de nature variée, plus ou moins grossière ou raffinée, plus ou moins brutale ou délicate, et se confondent inextricablement avec les conceptions de plus en plus contradictoires du bien et du mal. Il y a des désirs qui paraissent infiniment vertueux mais qui n'en sont pas moins des désirs donc des attachements.

Une approche entièrement différente — celle de l'adulte, de la personne — consiste à être guidé par ce qui arrive selon les circonstances, par la situation, par la justice de la situation. La justice de la situation apparaît parfois en conflit dramatique, déchirant, avec les fascinations ou les répulsions de l'ego. Pourtant il faut bien se souvenir d'une vérité essentielle : la situation dans laquelle un homme se trouve est toujours celle qui lui correspond, celle qu'*il* a attirée.

Je n'aime pas le métier que je fais. Comment se fait-il que je sois dans cette profession et non pas dans une autre, dans ce bureau et non celui d'une entreprise différente, avec ces collègues et non avec ceux du service à côté ? Je n'aime pas mon mari, le père de mes enfants. Pourquoi est-ce que c'est moi qui l'ai épousé et non pas une autre ? Ce qui ne s'est pas fait a eu des raisons de ne pas se faire. Ce qui s'est fait a eu des raisons de se faire. Cette situation n'est pas là arbitrairement : *elle est la mienne, elle est à moi.*

Il y a entre le monde moderne et les civilisations traditionnelles une différence fondamentale, essentielle. La société de consommation prétend que le bonheur des hommes et des femmes se trouve dans la satisfaction de leurs désirs et la possibilité d'échapper à ce qu'ils ne veulent pas. C'est une civilisation et une suggestion (une « intoxication » puisque le mot est à la mode) orientée vers avoir et non vers être, donc entièrement soumise à la dépendance et à l'attachement. Une culture traditionnelle, tout en reconnaissant la nécessité d'un accomplissement légitime des désirs, considère que le bonheur des hommes et des femmes se trouve dans leur libération progressive de tous les désirs donc de tous les refus individuels.

Si les enfants grandissent dans ce contexte, en sont progressivement et naturellement imprégnés, il peut exister et subsister une société harmonieuse dans laquelle les inadaptations, les névroses, les drames, la violence demeurent l'exception. Génération après génération, les jeunes gens et les jeunes filles arrivent à l'âge adulte en trouvant normal de vivre normalement, selon la norme, selon les lois universelles, selon le dharma. Ce dharma, même si nous le traduisons par le mot, aujourd'hui maudit, de « ordre », n'apparaît à personne comme un carcan ou une contrainte dont il faut à tout prix s'émanciper. Emancipation est devenu un terme très à la mode mais dans un sens qui est la plus belle subversion imaginable. *Moksha*, ou *mukti*, le But suprême de la vie humaine, est souvent rendu en anglais par *emancipation*. Que de fois n'ai-je pas entendu ce mot de la bouche d'un swami hindou ou d'un sage bouddhiste. Mais il existe deux sortes d'émancipations, qui s'excluent mutuellement : l'émancipation verticale et l'émancipation horizontale.

L'émancipation verticale est la sortie hors du monde des formes, du monde du temps, de l'espace et de la causalité. L'émancipation horizontale est la destruction du dharma par la conquête de libertés extérieures qui ne satisfont que les désirs dont nous sommes prisonniers. Elle est un esclavage : l'esclavage des envies et des refus. Elle interdit toute espérance de Libération.

La véritable émancipation est l'émancipation vis-à-vis des attirances et des répulsions. Un homme ne commence à chercher sérieusement la Libération spirituelle que s'il a renoncé à trouver sa liberté et son accomplissement dans une libération temporelle. Tant qu'il croit la liberté comme la possibilité de faire de plus en plus ce qui lui plaît, par exemple d'avoir autant de maîtresses qu'il en désire, de fréquenter les lieux et les collectivités qu'il veut, de se procurer les biens dont il a envie, il continue à poursuivre sa plénitude dans cette direction. Un individu qui se considère comme déjà émancipé ne peut ressentir aucun besoin de la vraie émancipation. L'observation de règles justes, la soumission à un ordre harmonieux, le renoncement extérieur, sont les garants de la quête intérieure, de la liberté intérieure, de la paix et de la compréhension.

Il faut toujours en revenir à la distinction essentielle entre ce dont nous avons besoins, impérativement besoin, et ce que nous « aimons », c'est-à-dire ce que nous désirons. La vie matérielle de la plupart des occidentaux est devenue trop facile pour que les mots faim, soif, froid aient encore pour nous une signification et puissent servir d'images de la nécessité. Le sens de la nécessité ne peut pas être satisfait tant qu'il n'est pas assouvi et il impose de chercher encore et encore jusqu'à ce qu'on trouve. L'envie, au contraire, quand elle n'est pas satisfaite, se change en émotion négative, en hostilité, en rancune, en haine. Quand l'envie est la source de l'action, si cette action ne réussit pas à obtenir ce qui est escompté, la motivation de désir fait aussitôt place aux émotions et à l'agressivité. Maintenant, comprenons bien ceci : nous « aimons » que nos besoins soient comblés. Si nos besoins véritables ne sont pas satisfaits, la réaction survient et « nous aimons » se transforme en opposition. Notre énergie se dissipe en révolte, reproches, accusations, suffocation, souffrance. Mais si nous sommes, au contraire, guidés par le sens de la nécessité, nous ne pouvons que nous poser la question : « Pourquoi ne suis-je pas satisfait, contenté ? » Le chercheur de la vérité ne pense jamais qu'il a échoué dans une entreprise. Il constate : « Je n'ai pas obtenu le résultat que je voulais. » Il a obtenu quelque chose de plus précieux : de l'expérience, un peu plus de maturité. Le sens de la nécessité n'a pas de temps à perdre en récriminations. Il ne cessera de s'exercer que quand il aura obtenu satisfaction. La constatation : « Je ne peux pas obtenir ici », — ou : « de cette personne » — ou : « de cette façon-là », n'a rien à voir avec la réaction d'hostilité ou de haine et, peu à peu, le sens de la nécessité fait place au sens de la discrimination. Au contraire, l'ego ne connaît que ses goûts et ses préférences. Toute déception donne naissance à l'aversion et à la répugnance. L'ego veut prendre ou bien il veut détruire, il veut tuer. Le chemin de la sagesse commence avec la question « pourquoi ? » « Je dois obtenir. Si je n'obtiens pas, pourquoi ? »

*
**

La tradition hindoue a toujours reconnu la nécessité de satisfaire les besoins particuliers de chaque homme, selon son âge, son tempérament, son milieu social. Le mot *bhoga* qui est souvent traduit par jouissance, correspond exactement à expérience. *Bhoga* est légitime sur le chemin de la liberté. Mais il existe aussi *upa bhoga. Upa* signifie inférieur. Bhoga est l'expérience consciente d'un « je » qui se tient au centre des désirs. Upa bhoga est la vaine poursuite, jamais satisfaite, toujours recommencée, de celui qui est emporté par ses désirs et ses refus. Une des Upanishads précise que personne ne peut devenir libre de *kama* par *upa bhoga.* « C'est comme vouloir éteindre le feu en y versant de l'huile. » Par exemple *patnî* signifie épouse, et *upa patnî* signifie maîtresse. Don Juan, quels que soient son pouvoir sur les femmes et le nombre de ses conquêtes, ne sera jamais libre de sa servitude à la division de l'humanité en deux sexes. Par contre, il est dit : *bhogo yogayate.* « Bhoga devient yoga. » L'homme qui se soumet à la discipline sexuelle du mariage devient libre. Son expérience n'est plus esclave du jeu de ses envies et de ses préférences. L'époux et l'épouse, en Asie, acceptent leur partenaire dans l'état d'esprit qui s'exprime par : « Voici mon lot, voici ce qui m'a été réservé, désigné. » Ou encore : « Ceci est à moi, car, en ultime vérité, c'est moi qui l'ai attiré. » « Je l'ai acceptée comme mon épouse. » « Je l'ai accepté comme mon mari. »

La relation entre l'homme et la femme est alors une progressive découverte mutuelle, un facteur essentiel de la connaissance. Les Chrétiens devraient se souvenir que dans la Bible, c'est-à-dire en hébreu, l'emploi du mot « connaissance » pour la rencontre de l'homme et de la femme a sa raison d'être et un sens infiniment plus riche et profond que la seule implication d'union physique. Les Doctrines traditionnelles n'avaient pas attendu la psychanalyse pour comprendre l'importance fondamentale du couple mari-et-femme dans les relations père-fils, père-fille, mère-fils, mère-fille et leur influence sur la future liberté intérieure des enfants et leur adaptation au monde extérieur. La connaissance mutuelle de l'homme et de la femme, au-delà de leurs préférences et déceptions subjectives, est un aspect essentiel de la Voie. La compréhension entre le père et la mère est déterminante pour permettre aux enfants de se situer eux-mêmes en face de leurs parents et dépasser les attachements qui jalonnent la croissance vers l'état adulte.

Aujourd'hui, on en a plein la bouche de « l'Autre » et du « dialogue ». L'Autre essentiel, c'est la femme pour l'homme, l'homme pour la femme et, concrètement, si l'on ne reste pas dans les belles paroles qui ne constituent jamais un chemin de progrès, l'autre c'est l'époux pour l'épouse et l'épouse pour l'époux. Toutes les Civilisations traditionnelles sont fondées sur le mariage et les relations familiales et cela au nom des connaissances les plus complètes, les plus sûres, en matière de psychologie des profondeurs. En dehors de l'Hindouisme et du Bouddhisme, dans notre tradition dite judéo-chrétienne, la création d'Eve dans la Genèse est justifiée par la possibilité du dialogue entre Adam et elle.

Encore faut-il qu'il y ait dialogue, donc que chacun parle la langue de l'autre, et non un « dialogue de sourds », deux monologues poursuivis à travers dix, vingt, cinquante ans de prétendue « union conjugale ».

Ceci n'est possible que dans le mariage conçu comme une voie de croissance personnelle et de croissance ensemble, par la lente maturation du véritable amour, fondé non sur la fascination et la demande mais sur la vision de ce qui est, sur le sentiment de l'Unité.

Il n'est plus question d'aucun autre homme, d'aucune autre femme. C'est parce que le principe est formel, absolu, qu'il devient « un joug aisé ». Tous les autres hommes, toutes les autres femmes ne sont pas pour moi. J'en suis libre. Soit : « C'est à moi », soit : « Ce n'est pas à moi. » Il n'y a ni demi-mesure, ni dualité. On peut demeurer assis ou se tenir debout mais la position à demi levé, « entre les deux », est la plus inconfortable, la plus intenable qui soit. Il en est ainsi de tout le dharma personnel d'un homme. Je suis un mari, je suis une épouse, je suis un fils, je suis une fille, je suis un père, je suis une mère, je suis un frère, je suis une sœur — entièrement, pas à moitié.

Bien entendu, ceci est le langage même que l'individu refuse d'entendre. Seule une personne — un ego en croissance, en épanouissement — sait où se trouve son bien profond et véridique. « *Maha karta* devient *maha bhokta* et *maha bhokta* devient *maha gnani* », dit aussi une Upanishad. « Le grand agissant devient le grand jouissant et le grand jouissant devient le grand Sage. » *Maha karta* est le maître et non le serviteur des envies et des désirs. C'est le *doer* dont j'ai parlé dans le second tome de cet ouvrage.

Il existe donc deux sortes d'êtres humains. Certains vivent selon leurs impulsions, leurs goûts, leurs aversions, leurs peurs, autrement dit sont mûs par ce qui leur plaît et leur déplaît, ce qu'ils aiment et n'aiment pas, et ceci dans tous les domaines : en amour, en éducation, en politique, en art et dans toutes leurs relations avec autrui. En eux l'individu est tout-puissant. *Ahamkar* signifie la conscience de la séparation, la distinction du moi et du non-moi, mais cet ahamkar est plus ou moins crispé sur lui-même. Il y a aussi des êtres qui ne vivent pas encore dans la conscience éternelle de l'unité mais qui agissent selon la justice, selon ce qui est juste. Ils deviennent des personnes, *purusha*, chemin vers *maha purusha*, le grand Sage.

Ici je veux préciser un point pour ceux qui

s'intéressent aux doctrines hindoues et ont lu des ouvrages spécialisés. Le terme *purusha* a des sens quelque peu différents suivant les systèmes, les « points de vue » *(darshanas)*. Dans les enseignements dualistes *purusha* est opposé à *prakriti*, comme le Témoin par rapport à la Nature, aux phénomènes. Pour l'adhyatma yoga, quand prakriti, la manifestation, s'est accomplie elle-même, elle se fond en purusha.

La personne n'est donc pas mue comme une machine par les facteurs extérieurs. Elle agit consciemment en réponse à l'extérieur, aux événements, dont le fondement n'est autre que le Principe Suprême. Mais ni le mot de devoir, ni celui de responsabilité ne conviennent. Je dirai même qu'en la matière ces termes n'ont aucun sens parce que tous deux semblent indiquer que l'homme pourrait ne pas agir selon la vérité, pourrait éviter de le faire, et que sa conduite est imposée par une autorité, une contrainte étrangère. Une personne agit parce qu'elle ne peut pas ne pas répondre de façon juste et adéquate. Elle agit en fonction de la totalité de chaque situation et non en fonction d'une appréhension partielle et partiale des événements. Dharma est presque toujours traduit par devoir mais le mot français qui convient est celui de dignité. La dignité, pour un homme, est le sentiment profond de sa propre fonction intrinsèque. Avec la dignité nous sommes au cœur de l'être (par opposition à l'avoir).

L'axe du comportement humain est la relation du moi au non-moi. On peut dire aussi : la relation de l'intérieur et de l'extérieur. Si cette relation est consciente, éclairée, délibérée, l'homme n'agit plus en fonction de causes produisant en lui des effets. Il se situe au-dessus du plan de la cause et de l'effet, dans une nécessité parfaite qui est la liberté parfaite. Il est un avec la manifestation universelle, un avec l'Unique Energie. En lui, par lui, la volonté de Dieu est faite et non la sienne.

***

Pour pouvoir faire la volonté de Dieu il faut d'abord avoir une volonté consistante et unifiée. Avant de n'être rien, il faut d'abord être quelque chose. Avant de découvrir son individualité comme anatma, comme n'étant pas une entité, il faut d'abord être une entité, un *doer*, capable de faire face à ses désirs : « Je suis ici et mon désir est là. » Cette distinction peut paraître, au premier abord, contredire tout ce que j'ai écrit dans le Tome I à propos de « ne faire qu'un avec ses émotions »[1] : Quand vous ne refusez pas, ou plutôt quand vous acceptez n'importe quelle émotion en tant qu'émotion, vous supprimez la division, donc l'opposition, entre vous

1. Chapitre : « Oser dire oui. »

et votre émotion. Vous devenez votre émotion. Il n'y a plus deux. En disant « il y a moi et il y a mon émotion », vous créez la division et le conflit : « Il ne devrait pas y avoir » — quand la vérité est : « Il y a. »

Comment concilier ces deux points de vue ?

Tout désir est une émotion. Mais les émotions diffèrent en degré et en intensité. Il importe d'être un avec toutes les émotions qui nous déplaisent — ou nous déchirent — et dont nous voudrions être débarrassés (les souffrances, les suffocations, les déceptions, les peurs, etc.) et les émotions par lesquelles nous nous trouvons à notre désavantage, maladroits ou ridicules. Comme émotion, un désir ne peut en aucun cas être nié et ce que j'ai dit s'applique à lui. Mais un désir est aussi une idée : l'idée de sa concrétisation, de son assouvissement. « Je suis ici et mon désir est là » veut dire : « Je suis ici avec mon émotion (frustration, espoir, envie) et la possibilité de suivre cette inclination est là. » Cette distinction, qui est liberté, suppose justement la pleine acceptation du désir-émotion : si un acte n'est pas commis parce que le désir en a été nié et réprimé, le désir n'a pas disparu et un autre acte de remplacement sera exécuté sans qu'il y ait la moindre libération.

Il faut être capable de tenir quelque chose et de s'en tenir à quelque chose : une règle, une décision, une certitude intellectuelle plus forte que les nonsens du mental et les émotions (*buddhi* et non *manas*). Le fait est là : l'homme non libéré est attiré. Il est attiré par ce qui est semblable à lui. Il est attiré par ce qui est très différent de lui. « Les extrêmes se touchent », dit-on, comme ce qui est trop froid brûle. La dignité de l'homme réside dans la clarté de vision avec laquelle il soumet ses attractions à sa compréhension de ce qui est plus vaste et plus universel que ses intérêts individuels. Pour l'homme encore sur le chemin, il y a ce qui est à lui — et qu'il ne peut pas refuser — et ce qui n'est pas à lui et qu'il ne peut pas convoiter. Le commandement : « Tu ne convoiteras pas » se retrouve dans tous les Enseignements. Pour le Sage, rien n'est à lui, chaque chose n'est pas à lui, ce qui s'exprime aussi bien en disant que tout est lui.

Est-ce que je suis quelqu'un ? Ou est-ce que je ne suis rien du tout ? Est-ce que je suis un *doer*, un homme *actif* en accord avec les circonstances ? Ou est-ce que je suis une marionnette qui obéit en esclave aux circonstances ? Voici une attraction, un désir. Il faut d'abord la reconnaître, l'accepter. Ensuite, cette attraction est-elle justifiée ? L'ego trouve toujours ses attractions justifiées et, en effet, au niveau de l'individu, toute attraction est normale, naturelle et donc justifiée. Aucune autre considération n'intervient. Mais le « je » s'exprime qui n'est plus la voix de l'individu. « Je » est ce que les désirs et les refus ne peuvent pas emporter comme un bout de bois l'est par un torrent. « Je sens cette attraction comme justifiée mais est-ce que je suis justifié à la suivre ? Non. La justice de la situation est de ne pas la suivre. » Mais je n'y « renonce » pas en me mutilant.

Les mots abandonner ou renoncer risquent de prêter à confusion. Personne ne peut rien abandonner sans compréhension et sans conviction, avec l'émotion profonde de se diminuer, de se détruire. « Je renonce » signifie : « Je sens mon attraction justifiée mais quelque chose d'extérieur à moi m'oblige à abandonner. » Ce quelque chose, c'est la voix du Père, le « Sur-Moi » des psychanalystes, l'autorité, la Loi, la morale. Ce genre de renoncement aggrave le dualisme et les conflits, crée toujours un choc en retour et une compensation, ne fait pas avancer d'un pas vers la Libération et l'Amour — au contraire. Mais si je sens, personnellement, profondément, avec conviction, que je ne suis pas justifié à suivre cette attraction, je n'abandonne rien. L'objet du désir est abandonné de lui-même comme un fruit qui se détache tout seul de l'arbre lorsqu'il est mûr. Dans la maturité de l'adulte, les biens qui l'attachaient se détachent sans qu'il ait le sentiment de renoncer à des réalités qui conservent une valeur pour lui. Un Sage vous dira qu'il n'a jamais renoncé à quoi que ce soit qui ait eu encore du prix pour lui. Il a connu une satisfaction infiniment plus vraie, plus intense et plus profonde, à côté de laquelle les attractions habituelles perdent leur saveur et leur intérêt.

Il s'agit d'un choix qui s'effectue en toute certitude, sans déchirement et sans regrets. Le sage a vu et il sait.

Tout homme qui a connu la liberté et la juste vision du « Je » plus fort que les émotions et les fausses (mais combien séduisantes) rationalisations du mental ressent en lui la nécessité inévitable de rendre cet état permanent et de ne plus jamais être emporté à nouveau.

En agissant ainsi, l'homme ne tente rien d'anormal ou anti-naturel. Il s'insère seulement de mieux en mieux, ou de moins en moins mal, dans la Manifestation Universelle. Aucune discipline, aucun effort, exercés à l'intérieur de nous-même et conservant — quand ce n'est pas : et renforçant — notre prétention à subsister en tant qu'ego séparé, ne peuvent conduire à la Libération. « Faire passer l'intérêt des autres avant le sien », « aimer sans égoïsme », voilà des expressions moins originales et moins fascinantes que l'éveil de la Kundalini. Cela paraît trop simple pour mériter notre considération. Simple. Oui. Heureusement. Mais facile, certainement pas. Il ne s'agit pas d'une lutte, qui resterait partiale, opposant une part de nous au reste de nos tendances et de nos pulsions. Il ne s'agit pas de faire triompher le désir d'être libre contre l'esclavage de nos autres désirs, ce qui nous maintiendrait encore dans la dualité. Il n'y a opposition à rien mais soumission à l'ordre des choses, c'est-à-dire disponibilité à une nouveauté toujours renouvelée, à la Vie même.

Le plus grand obstacle à la Libération est le fait de se la représenter d'une façon ou d'une autre, alors qu'elle n'a rien de commun avec aucune situation, aussi « sublime » soit-elle, que nous puissions imaginer. Et le meilleur moyen de se garder de toute imagination, même subtile, même raffinée, est de prendre appui sur la Manifestation elle-même qui, elle, échappe bien entendu à notre propre jeu dualiste de crainte et d'espoir.

Un certain nombre de conditions, intérieures à nous, nous interdisent de réaliser notre Nature véritable non-conditionnée, notre Nature essentielle, originale. Toute la sadhana consiste donc à dissiper ces conditions inutiles et limitantes. La première de ces conditions, par lesquelles l'homme s'emprisonne lui-même, est l'affirmation de l'ego — phénomène relatif — comme ayant une valeur absolue, ne devant être mise en question à aucun prix. Plutôt souffrir que perdre cette existence distincte qui est la cause de la souffrance. Or ceci n'est que le jeu cruel du mental.

L'important est de passer de « moi » à l'« Univers », du mental à l'énergie supra-individuelle, c'est-à-dire d'un état artificiel à un état naturel, de la maladie à la santé. « Je » fais partie de l'Univers. On dit du jivan-mukta « qu'il a pour corps l'Univers entier ». Je n'ai donc pas à me sacrifier à l'Univers mais à dépasser l'attachement exclusif au moi, à considérer également l'Univers et moi. Personne ne peut tenter de se sacrifier lui-même sans déclencher une réaction égale et opposée à son action. Il n'y a pas à étouffer les émotions mais à être un avec elles, aussi complètement et immédiatement que possible. Le oui absolu à l'émotion, au moment même où naît celle-ci, la fait disparaître en tant qu'émotion. Mais l'énergie qui allait se consumer en émotion ne disparaît pas. C'est dans la mesure où je ne refuse absolument pas l'émotion que j'en fais l'économie et cela demande cette vigilance dont parlent tous les Enseignements traditionnels.

Un oui total à tout supprime tous les conflits. Je dis bien : à tout. Tout ce qui est en nous mais aussi tout ce qui est hors de nous, tout ce que nous voulions, mais aussi tout ce que nous refusions, tous les possibles, tous les contraires, toute la création et toute la destruction, y compris ce que nous appelons la souffrance, y compris ce que nous appelons la mort. Alors seulement se révèle la Vie intemporelle.

La véritable méditation commence quand — au bout de deux minutes, de dix ans ou de mille existences — cette détente ou décrispation totale est devenue naturelle. Toutes les énergies peuvent être unifiées et tournées vers le Centre ou le Cœur de l'être. La purification de l'organisme physico-mental est la condition nécessaire et suffisante de la conscience éveillée. La sadhana concerne l'énergie, le désengagement et la disponibilité de l'énergie, la canalisation de l'énergie dans de nouvelles directions. L'énergie ne connaît pas la division, chère au mental, entre l'âme et le corps. Toute sadhana a toujours un caractère psycho-somatique. Energie se dit *shakti* en sanscrit. Energie évoque aussi la libido de Freud. Une fois encore, certains rapprochements peuvent être faits entre la sadhana hindoue ou bouddhiste et la psychothérapie occidentale, rapprochements qui font ressortir une radicale distinction. Le médecin aide à libérer l'énergie du malade bloquée sur des attachements dépassés pour qu'elle puisse s'investir dans une vie professionnelle et sexuelle dite normale. Le maître aide à libérer l'énergie bloquée sur des attachements dits normaux pour qu'elle puisse s'investir en un retour à sa source, dans la Conscience absolue d'elle-même. L'énergie est rendue disponible, activée, raffinée. Encore faut-il que tous les obstacles aient été levés. Ils ne peuvent l'être que de deux façons.

Le détachement des liens s'opère d'abord en intensifiant le désir de la Réalisation ou, plus exactement, en intensifiant l'appel de la Réalité intérieure. La rencontre *(darshan)* avec de très grands sages, la participation à des activités sacrées *(satsang)*, les rites, les premières tentatives de méditation, y contribuent. A mesure que cette attirance par les niveaux supérieurs de la vie devient plus forte, un inintérêt ou un détachement réel pour les valeurs temporelles s'opère peu à peu. A ces moyens *(upaya)* se rattache l'acte essentiel de l'initiation *(dîkshâ)*. Il existe différentes manières de donner l'initiation, mais son effet est toujours le même : l'éveil définitif du désir de la perfection. D'une certaine façon, la conscience ordinaire est mise en relation avec la Conscience Universelle. Rien ne sera plus jamais tout à fait comme avant.

D'autre part un effort concret doit être effectué en s'attaquant directement aux nœuds *(granthi)* eux-mêmes.

Il existe des inhibitions à la vie normale ; elles sont de mieux en mieux connues. Il existe des inhibitions à la vie spirituelle, à la réalisation du Soi ; elles sont de plus en plus méconnues. Ce sont tous les attachements, même ceux qui sont considérés comme les plus naturels, tant qu'ils conservent ce caractère d'attachement et manifestent le sens de la séparation. Attachement veut dire : mon être dépend de ce que j'ai ou n'ai pas. L'homme est attaché à ce qu'il a et ne veut pas perdre, à ce qu'il n'a pas et désire avoir : son prestige, son argent, ses idées personnelles, sa femme, sa maîtresse, ses enfants, ses titres, ses relations, sa jeunesse, sa réussite. Tout ce qui fait le monde peut être vécu sur le plan de l'avoir, pas seulement les biens matériels et les produits de consommation.

Celui qui cherche l'expansion de l'être dans l'expansion de l'avoir se trouve obligatoirement en concurrence avec les autres hommes. Tout le monde ne peut pas avoir le poste de Directeur Général, tout le monde ne peut pas avoir le titre d'agrégé. Du matin au soir, l'homme rencontre des obstacles à son désir d'avoir. Par contre rien ni personne ne peut l'empêcher d'être. Même ses ennemis l'aident à être, s'il est engagé sur une voie juste. Il n'a donc plus d'ennemis et il peut aimer tous les hommes.

Pour que la croissance et la liberté de l'être deviennent possibles, chacun doit vivre pour lui-même ses attachements et voir à quelle demande profonde, à quelle demande de l'être, ils tiennent lieu de réponse.

# CONCLUSION

Il n'y aura pas de quatrième tome des « Chemins de la sagesse ». Si vous tenez à un quatrième, un cinquième tome, etc., lisez les Upanishads, la Prajnaparamita, la Bible. Je vous souhaite même de pouvoir les lire en sanscrit, en hébreu, en grec ou, tout au moins, avec l'aide d'une personne connaissant le sanscrit, l'hébreu et le grec. Lisez Maître Eckhart, les soufis, les Pères du Désert, Ramana Maharshi. Toutes les Ecritures anciennes, toute l'expérience des sages et des maîtres, vous parlent de vous aujourd'hui. Adam, Eve, Caïn, Abel, Abraham, Sarah, la captivité, le désert, la terre promise, tout est en vous, tout vous parle de votre propre aventure et de votre propre chemin. L'hébreu, le sanscrit, l'arabe sont des langues sacrées donc intraduisibles en français qui n'en est pas une. Le jeu des racines et des graphismes permet de transmettre des significations et des relations dont notre syntaxe et notre alphabet perdent la richesse et la profondeur. La linguistique et la sémantique sont les deux béquilles du pèlerin vers la Connaissance suprême.

Ces trois « Chemins de la Sagesse » sont plus particulièrement proches, dans leur expression, du vedanta hindou : le changement incessant sur lequel insiste Ramanuja et l'illusion enseignée par Shankaracharya sont une seule et même chose. Mais il en est de même du anatma et du anitya des Bouddhistes. Toutes les religions sont d'accord sur la nécessité de faire disparaître l'égoïsme pour atteindre la vraie paix et la vraie joie. Il n'y a rien de nouveau dans ce que j'ai dit. Seule la façon de le dire est peut-être proche de notre tournure d'esprit actuelle.

Ainsi que je l'ai décrit dans le Tome I, le Soi (le Non-né) qui réside au cœur de l'homme est recouvert et caché par les *koshas*, terme que l'on traduit en français par enveloppe ou fourreau. Ces koshas sont en relation avec les « corps » *(sharir)*. La voie n'est autre que l'affaiblissement et la disparition de ces koshas. Tant qu'une seule (et a fortiori plusieurs) de ces enveloppes subsiste, le Soi n'est pas libéré d'un corps fût-il informel. A chaque corps correspond un « monde ». Le monde de la matière sensible, ou monde grossier, n'est pas le seul plan de la réalité. Les états de l'être sont multiples, donc les niveaux de conscience relatifs le sont aussi.

La vraie question est : y a-t-il encore distinction entre un sujet et un objet ? Tant que cette distinction subsiste, subsiste aussi la possibilité de souffrir. Quand cette distinction disparaît, l'individualité disparaît. C'est, par excellence, ce que l'homme ne veut pas, ne peut pas envisager. Et, pourtant, cet ego que l'homme ne veut pas perdre est en lui-même la perte la plus tragique : celle de l'*atma*, du Soi ou de la Nature-de-Bouddha. N'oublions pas à quoi est consacré ce livre : à l'*adhyatma yoga*, un chemin vers le seul Réel. L'ego c'est le Mal. Et c'est surtout le Malin. C'est l'ego, et seulement l'ego, qui souffre. Mais il est aussi la seule cause de la souffrance. L'ego est la prison. Le Soi est la Liberté. Rien de ce qu'on peut dire ou écrire de l'atma n'est vrai. Toutes les descriptions, affirmations et négations, toutes les croyances, relèvent du mental. Seule est réelle l'expérience immédiate du Soi. Je conjure les lecteurs de ces « Chemins de la Sagesse » de ne pas se contenter d'encombrer leur mental avec les idées exprimées par Arnaud Desjardins. Ces livres n'ont un sens que s'ils débouchent sur le Chemin lui-même. Les notions et conceptions qui ne correspondent pas à une expérience personnelle sont toujours un obstacle sur la Voie. Les croyances et le besoin de convaincre sont des fonctions de l'ego et du mental. Sur le chemin, il y a plus à désapprendre qu'à apprendre.

Il s'agit de se transformer, au vrai sens du terme, passer au-delà de la forme, et non de changer sa forme. Le changement est le but de la plupart des yogis, qui ne cherchent pas à transcender les différents mondes. Ils veulent atteindre un état sublime, pour lequel ils s'imposent des efforts patients et souvent héroïques. *Mais ils n'échappent pas à l'ignorance fondamentale.* Celle-ci subsiste aussi longtemps que subsiste l'identification au corps causal, *karana sharir*, le corps le plus subtil.

La Vérité (la vérité « nue », selon l'image traditionnelle bien connue) est si simple. Mais il faut un esprit profondément mûr et adulte pour y accéder, d'autant plus mûr qu'il est plus débarrassé de tous les revêtements. Seul le Soi se manifeste lui-même, sans autre source, cause ou raison d'être. Seul le Soi est évident. Tous les phénomènes, tous les objets des sens ont une réalité secondaire. Les perceptions sensorielles ne sont qu'une connaissance indirecte, relative. Ce que nous appelons le monde n'est rien d'autre que l'ensemble organisé des sensations de nos cinq sens. Tout ceci est bien connu. On le trouve dans toutes sortes de philosophies. Les termes changent, les systèmes s'opposent, mais on tourne indéfiniment autour des quelques mêmes idées. Ces idées (spiritualisme, idéalisme, matérialisme, panthéisme, subjectivisme, existentialisme, etc.) on peut en avoir des indigestions et des nausées. Mes livres se rattachent à un courant qui appelle à la vie et à des expériences de vie. On parle de la peur de mourir. On ferait mieux de parler de la peur de vivre. Le Nirvana, c'est la Vie. Les psychanalystes utilisent le terme principe de nirvana pour principe de mort. Quelle mort ? Le nirvana, c'est la mort de la mort *(amrita)*. L'existence vécue dans l'ego est condamnée à la mort. La Libération est la véritable naissance : la mort est vaincue une fois pour toutes. On pense qu'on mourra tant qu'on pense qu'on est né. Mais que signifient les mots et les idées métaphysiques pour celui qui n'en a aucune expérience vécue ? Et ils ne signifient plus rien pour ceux qui en ont une expérience vécue !

Nous savons que, depuis l'origine des temps historiques, une voix crie dans le désert : « Cessez de souffrir, cessez de vous tromper. » Abandonnez la prison dont vous maintenez vous-même la porte fermée.

Pour éviter les malentendus et les reproches de syncrétisme j'ai fait bien peu des rapprochements qui s'imposent entre le Vedanta et le Bouddhisme, d'une part, les « religions monothéistes » de l'autre. Cela justifierait un livre particulier, minutieusement appuyé sur les textes, l'étymologie, les commentaires anciens. Je peux seulement rassurer certains lecteurs chrétiens en leur disant que j'ai étudié et continue à étudier la Bible autant que les Upanishads.

Beaucoup de lecteurs et de téléspectateurs m'écrivent. Cela représente une moyenne d'un millier de lettres par an. Il m'est d'autant plus impossible de répondre à toutes que je suis absent de France plusieurs mois chaque année. Je demande ici qu'on veuille bien m'en excuser. Ces livres sont, en grande partie, inspirés par ce qui m'est écrit et par les questions qui me sont posées. Je souhaite qu'ils répondent au moins aux plus importantes de ces questions.

Un certain nombre de lettres concernent le « yoga », l'enseignement du yoga en France et les Fédérations de professeurs de yoga. Le mot yoga, que nous le voulions ou non, n'est pas un mot français mais un mot sanscrit. Il s'agit donc d'une activité qui n'est pas née directement dans la culture à laquelle nous appartenons. Que l'on puisse trouver des points communs entre les différents yogas et les techniques purement occidentales de développement personnel ne doit pas rendre aveugle à l'originalité et à la spécificité du yoga. Celui-ci nous vient de l'Inde. C'est une constatation. A chacun de savoir comment il veut se situer par rapport à ce fait. Le yoga est une science codifiée à une autre époque que la nôtre, dans une autre civilisation et une autre société que les nôtres. Il fait partie d'un ensemble de connaissances étrangères à la mentalité moderne. Il ne peut être ni compris, ni jugé, ni adapté selon les critères de cette mentalité. Sinon il ne resterait plus que le mot yoga et ce mot deviendrait un mensonge.

Déjà ce mot évoque dans l'esprit du public des contextes et des arrière-plans bien différents. Pour certains le yoga est associé au domaine spirituel, mystique, à l'image d'un sage assis immobile en méditation. D'autres, quand on parle de yoga, pensent kinésithérapie, médecine. Les résonances affectives du mot yoga gravitent autour du mystère des temples et des ermitages, ou autour de l'efficience des hôpitaux et des gymnases. Le monde moderne a divisé et séparé ce qui constituait un tout : la science de l'être.

Beaucoup de correspondants m'interrogent aussi sur le tantrisme. A travers les lignes, il est aisé de lire la toute-puissance du sexe sous toutes ses formes avouées ou inavouées. Le tantrisme est bien autre chose que des accouplements sexuels ! Le tantrisme est un enseignement qui donne une valeur sacrée aux gestes et aux paroles. Non seulement aux gestes *(mudra)* et aux paroles *(mantram)* des rites proprement dits mais à tous les gestes et toutes les paroles. Le sadhaka (disciple) tantrique sait que *toute* action au plan physique ou sensoriel a une répercussion au plan subtil et au plan spirituel. Aucun détail de notre comportement n'est insignifiant. Tout doit être soumis à la vigilance et à la conscience. Les tantras remédient au danger grave qui consiste à parler et agir au nom de l'advaïta et de l'irréalité de la maya avant de les avoir réalisés soi-même, à se réclamer de la corde tant qu'on ne connaît que le serpent. Le tantrisme est une voie de libération par l'action.

On me demande souvent enfin comment se situe l'adhyatma yoga par rapport au zen. Le zen n'est ni philosophie ou jonglerie intellectuelle ni ferveur émotionnelle capable de dépression autant que d'exaltation. Le zen est vie totale, réconciliant ce que l'homme moderne a opposé, exprimant à chaque instant la spontanéité créatrice libre de tous les voiles que le mental interpose entre la Réalité et nous. Le chemin vers cette glorieuse liberté passe par un entraînement implacable qui, tôt ou tard, ouvre la porte de l'éternité au cœur de l'instant. Tout homme, sage ou fou, saint ou criminel, possède fondamentalement la Nature-de-Bouddha. Tout homme, heureux ou désespéré, prospère ou misérable est, dans son essence, libre, infini et immortel. A ceux qui le veulent plus que tout, il est possible de le réaliser. Dans le zen japonais, cette prise de conscience s'appelle satori. Le satori est l'expérience même du Bouddha Çakyamouni il y a deux mille cinq cents ans. En un sens le zen est une forme du Bouddhisme. Mais c'est aussi une vie, la Vie au-delà de toute forme religieuse, de tout dogme, de tout rite, l'expérience libératrice par excellence.

Le zen se présente comme une transmission de la vérité en dehors des Ecritures, donnant la prééminence à l'expérience immédiate sur l'étude des paroles du Bouddha, les soutras. Pourtant la plupart des maîtres zen ont écrit abondamment. Ils ont voulu témoigner par le langage contre le langage même, faire appel au mental pour mieux nous convaincre de la radicale impuissance de ce mental à saisir la vérité.

En dehors des heures quotidiennes de silence

immobile (le zazen), toutes les activités de l'existence sont une occasion de vivre le « ici et maintenant » qui est le cœur du zen, une occasion pour l'action juste, le geste parfait, celui qui engage l'être entier : corps, sentiment, pensée. Si l'on est entièrement dans ce que l'on fait, présent à soi-même, présent à l'acte que l'on accomplit, alors, dans un insignifiant détail, l'infini se révèle. Car la même activité peut être exécutée de deux façons intérieurement bien différentes : consciemment ou en dormant, dans l'unification de toutes les énergies ou dans la dispersion. « Ceux qui sont vigilants ne meurent pas, a dit le Bouddha, mais les inattentifs sont déjà comme morts. »

Certains auteurs ont accrédité la légende du zen comme une voie de non-effort et de facilité, contre-vérité que démentent la vie et l'ascèse dans tous les monastères zen, à commencer par ceux où j'ai moi-même séjourné. Le satori est précédé par ce que le zen a toujours appelé le « grand doute » et la « grande mort ». Dans « *A Flower does not talk* », le Roshi Rinzaï de Nanzenji, Zenkei Shibayama, a écrit : « Dans le zen, l'homme doit aller au bout de la dernière extrémité de lui-même et désespérer de lui-même comme de quelqu'un qui n'a aucune possibilité d'être sauvé. Trouver le Vide en soi vient de cette expérience la plus amère, qui du gouffre du désespoir et de l'agonie, nous jette bas, corps et âme, devant l'Absolu. »

Moins on comprend de quoi il s'agit, plus on croit voir des contradictions entre les différentes voies. A l'expérience, mais à l'expérience réelle, d'une Voie, il se révèle que l'opposition n'est pas entre les enseignements eux-mêmes. Elle se situe, à l'intérieur de chaque enseignement, entre la fausse compréhension de celui-ci par le mental et la vraie compréhension par le silence du mental. Tant que le mental mène le jeu, les hommes ne peuvent pas être d'accord. Les hommes qui ont vécu les expériences transcendant le mental se comprennent tous aisément, même en suivant des voies différentes.

Ce qui peut et doit être dit aussi bien du yoga que du tantra ou du zen, c'est leur exigence. Il s'agit de sciences qui s'étudient en les vivant et en les appliquant. Cette étude et cette pratique demandent des années de consécration.

Sauf rares exceptions, les auteurs qui écrivent sur ces sciences dans les langues européennes n'en parlent que de l'extérieur. Entre l'enseignement primaire des quatre opérations et l'agrégation de mathématiques, il y a une différence. Il y a la même différence entre le yoga dont parlent les livres qui paraissent sur ce sujet et le yoga tibétain ou le yoga tantrique enseignés à leurs disciples *par des maîtres d'accès difficile qui posent des conditions strictes à la transmission de leur enseignement.* De ces maîtres il existe encore quelques-uns en Inde. Ils ne font ni conférences ni tournées à l'étranger.

Le véritable enseignement de ces Sages ne peut pas être donné non plus dans des livres. Les Occidentaux habitués aux études scolaires et universitaires, doivent accepter que certains enseignements ne soient transmis que de vive voix, d'être à être. Pour la même raison, je n'ai pu dire que certaines vérités dans ces « Chemins de la Sagesse ». Si le lecteur trouve un intérêt personnel à ce qui est exposé dans ces ouvrages, il doit ressentir une espérance — et non une déception — en considérant que l'Expérience elle-même et certaines clés de l'expérience ne s'y rencontrent pas. Elles ne peuvent être données qu'individuellement et elles ne peuvent être données qu'à l'instant juste, c'est-à-dire peu à peu, au fur et à mesure de la croissance intérieure. C'est une des prétentions les plus délirantes de l'ego que de croire qu'il peut tout recevoir tout de suite en matière de spiritualité ou d'ésotérisme et qu'il peut recevoir sans se mettre lui-même en question.

C'est une des erreurs les plus graves du candidat disciple de chercher à comprendre le tantrisme tibétain, le kundalini-yoga ou les différences entre le rinzaï et le soto zen au lieu de chercher à se comprendre lui-même. L'étude des enseignements orientaux est une superbe possibilité de se fuir soi-même et de se détourner de son vrai problème.

Le principe en Inde est rigoureux : « Rarissimes sont les êtres qualifiés pour pratiquer le yoga, et encore plus rares ceux qui atteignent le succès. »

Ceci n'a rien à voir, on s'en rend compte, avec les slogans modernes du genre : « Yoga pour tous. » Bien entendu il ne s'agit pas là des asanas (postures) du hatha-yoga, si bénéfiques pour ceux qui les pratiquent régulièrement, mais du raja-yoga et du kundalini yoga.

Il y a une découverte à faire, bien plus intéressante encore que la découverte de l'électricité ou celle de la radioactivité : la découverte par chacun de son être essentiel, unifié et uni, source de la vraie maturité. Ces « Chemins de la sagesse » ont parlé surtout de la levée des obstacles à cette découverte. Ces obstacles sont organiques, ils sont rationnels, ils sont émotionnels. Ils sont surtout inconscients : à ce sujet je renvoie le lecteur aux notions hindoues, sanscrites, fondamentales de *vasana* et de *samskara*, qui sont revenues comme un leimotiv à travers ces trois tomes. Ces obstacles constituent le champ de la psychologie mais la Réalité qu'ils voilent échappe à la psychologie. La disparition du mental et de l'ego et l'accès aux niveaux supérieurs d'être et de conscience ne sont même pas entrevus par les « sciences humaines » modernes. C'est dire leurs limites, leur pauvreté et leur insuffisance. Elles affirment la dualité sujet-objet et elles n'en sortent pas. L'homme n'est pas seulement une hérédité et une histoire (éducation, impressions, traumatismes). L'homme est une expression de la Vie illimitée, dont seule pourrait parler une méta-psychologie ou une supra-psychologie.

L'humanité se divise en deux catégories d'hommes : ceux qui vivent dans leur être profond, conscient, et ceux qui vivent dans leur être de surface, aveugle. Il est évident que pour accéder à l'être profond il faut cesser de se cramponner à l'être de surface. *Cette mutation ne peut venir que de la compréhension et de la certitude.* Il arrive que des années d'efforts soient nécessaires pour acquérir cette compréhension et cette certitude.

Ceux qui vivent dans leur être profond sont libres. Ceux qui vivent dans leur être de surface n'ont aucune liberté. Ceux qui vivent dans leur être profond rayonnent de sérénité. Ceux qui vivent dans leur être de surface ont peur, tout le temps peur, et s'épuisent à prétendre qu'ils n'ont pas peur. Ils oscillent de la résignation à la révolte. Ceux qui vivent dans leur être profond sont capables d'aimer. Ceux qui vivent dans leur être de surface peuvent tomber amoureux, se passionner, s'enticher mais ils sont incapables d'amour.

Tout ceci n'a rien de nouveau. Ce qui est nouveau, pour chacun, c'est l'instant où il réalise : « Cela me concerne moi-même. A quoi me sert-il de gagner le monde si je perds mon âme ? »

J'ai essayé de présenter la voie de façon simple, simple comme la vérité. Mais la voie ni la vérité ne sont simplistes, faciles, *ni surtout bon marché.* Les fausses certitudes du mental sont la forme de « conscience » qui cachent la vérité. Elles ne peuvent en aucune façon constituer un chemin vers cette vérité. Demeurer soumis au mental est une forme de sadhana qui ne mène nulle part mais qui n'en est que plus répandue et qui peut faire croire à toutes sortes de progrès.

La religion faite des idées et des émotions de l'ego n'est pas la religion, aussi grande soit la place qu'elle tienne dans une existence. La religion est l'expression de l'appartenance de l'homme à une Réalité plus vaste que cet ego et que toutes les conceptions. La religion est supra-individuelle.

Arrivé à la fin de ces trois tomes, le lecteur jugera peut-être que j'ai fort peu parlé des problèmes sociaux qui sont à l'ordre du jour et que ces livres ne concernent que l'individu. En vérité le seul ennemi de la Société, c'est — lui et toujours lui — l'ego de l'homme, donc les egos de chacun des hommes et chacune des femmes qui composent cette société. Quand le sens de la vie humaine est oublié ou même ouvertement nié, aucune réforme politique ne peut donner ce sens à ce qui l'a perdu, ni diminuer la tension, donc la souffrance, qui résultent de l'étouffement des aspirations fondamentales. Aucune tentative nouvelle n'apportera la paix, ni au-dehors. ni au-dedans, tant que l'essentiel sera nié ou simplement perdu de vue, tant que les hommes ne sauront ni se comprendre ni s'aimer.

Le chemin de la sagesse est le chemin de l'amour. L'amour enraciné dans la conscience de l'Unité est le bien par excellence.

⁂

Le mot culture est, certes, à la mode. Mais il n'est de culture que de l'être. Dans le monde moderne il n'y a plus que des vestiges ou débris de culture. L'instruction publique obligatoire et la diffusion des informations par la presse, les magazines ou les émissions de télévision n'ont rien à voir avec la culture. De tout ce qu'on nous propose, de tout ce qui nous assaille, de toutes les sommations de la société de consommation, nous pouvons légitimement nous demander : « Est-ce que cela m'aide à évoluer ? Est-ce que cela m'aide à être ? »

Contrairement à ce que pourrait conclure un jugement superficiel, la croissance de l'être — le chemin vers : Je suis — est le contraire de l'égoïsme. L'égoïste est celui qui veut avoir, qui ne peut se donner l'illusion d'être qu'en acquérant ou, ce qui est l'autre face d'acquérir, en détruisant. Celui qui est s'ouvre naturellement à une relation désintéressée avec les autres. *La Voie est l'évolution de la relation entre le moi et le non-moi, jusqu'à l'effacement de leur distinction.*

Comment, demande-t-on souvent, un sage peut-il être heureux, heureux d'un bonheur inexprimable, alors que d'autres sont malheureux autour de lui ? A partir de cette question, on fait au sage et à celui qui cherche la sagesse le reproche d'égoïsme. Ceux qui formulent cette critique trouvent d'ailleurs normal, eux, de satisfaire leurs désirs et de jouir de tout le confort tandis qu'on souffre et meurt un peu partout dans le monde. Mais la vraie réponse n'est pas là. La souffrance naît du conflit. Tout conflit, même motivé par un conflit extérieur, est un conflit intérieur. Je ne fais pas ce que je sens que je devrais faire. Je ne suis pas ce que je sens que je devrais être. Un homme qui vit du matin au soir au milieu des plus malheureux et qui, ayant renoncé à tout, même à les sauver de la misère, se donne à eux et les sert du matin au soir, atteint sa limite. Tout ce qui peut lui être demandé, tout ce qu'il peut se demander à lui-même, il l'accomplit. Cet homme-là ou cette femme-là est absolument heureux, unifié, en paix avec lui-même. S'il ne l'est pas, c'est que subsiste, au contraire, en lui quelque chose d'égoïste.

Parce que notre société moderne est une société du désordre, rares sont ceux qui connaissent et accomplissent leur dharma personnel. Au fond d'eux-mêmes, la presque totalité des hommes doutent aujourd'hui de ce qui leur est demandé. Une société fondée sur l'être est une société de la certitude, une société fondée sur l'avoir est une société du doute.

A ceux qui sont nés et qui ont grandi dans le contexte et les normes culturelles de notre temps et de notre milieu occidental, il est très difficile de ne pas garder comme référence, même en s'ouvrant à la sagesse ancienne, la conception actuelle de ce qu'est l'homme, son bien, le sens de son existence. Sauf rares exceptions, les hommes d'aujourd'hui, y compris les chrétiens, sont à ce point imprégnés des idées profanes modernes, qu'une longue déséducation et rééducation est nécessaire avant de pouvoir comprendre et aborder de front les techniques hindoues ou bouddhiques de sadhana. L'humanisme contemporain a repris à son compte la formule antique : « L'homme est la mesure de toutes choses. » Quel homme ? L'homme-chenille ou l'homme-papillon ? L'homme-ego, ou l'homme libre de l'ego ? On décide aujourd'un qu'un homme est « normal » en appliquant des critères déterminés par les statistiques. C'est le triomphe du règne de la quantité. Pourquoi « répandu » ou « généralisé » signifieraient-ils « normal » ? La norme est-elle l'identification au nom et au corps ? Toute identification est un asservissement. *Toute identification est une névrose.* Ramdas parlait souvent de la « maladie de l'ego » et, comme l'avait fait le Bouddha Gautama deux mille cinq cents ans avant lui, il comparait le gourou à un médecin.

Un maître spirituel digne de ce nom guérit de la maladie de l'ego ceux qui sont guérissables parmi les candidats qui viennent à lui. Certes les médecines diffèrent entre elles, autant qu'allopathie, homéopathie, chirurgie, médecine ayurvédique, acupuncture, etc. Mais le but est le même. De l'ego malsain à l'ego harmonieux et du Soi prisonnier de l'ego au Soi libre de l'ego, c'est le chemin de l'adhyatma yoga, le chemin de la sagesse. Le gourou n'est pas un psychothérapeute pour des malades mais un libérateur, conduisant au-delà du monde de la forme. Alors, mais alors seulement, « le vide c'est la forme et la forme c'est le vide », selon l'expression des maîtres mahayanistes tibétains et japonais. L'action est réellement libre, spontanée, infaillible, — et salvatrice. La lumière luit dans les ténèbres, la vérité dissipe l'erreur, la paix met fin à toute souffrance.

Certes, pour l'état de conscience ordinaire, seul l'ego correspond à une expérience vécue, seul il a un caractère de certitude. C'est à partir de lui, autour de lui et pour lui que s'ordonnent toutes les existences. C'est cet ego qui est le client des psychanalystes et des psychothérapeutes. Mais si elle était vraie, cette affirmation de tous les sages, que l'ego n'est pas la réalité de l'homme ? Quelle affirmation plus fantastique, plus bouleversante, plus inacceptable, plus révolutionnaire peut-on lancer à la face de cet homme ? Pour le psychologue moderne, cela signifie détruire toute l'œuvre des parents, celle de la société et la sienne, revenir à l'état de non-différenciation du bébé, à partir duquel le moi s'est structuré en identification et en opposition au père et à la mère. C'est la régression complète.

Non. L'union n'est pas l'indifférenciation. Le sage

est « pareil à un petit enfant » — mais avec la Conscience (ou « l'Illumination ») en plus. *He is an enlightened child.* Il est aussi l'Homme, l'adulte parfait. C'est la maturité complète.

Je termine ces pages dans le souvenir des sages soufis, hindous, tibétains et japonais qui m'ont uni à eux dans leur « grâce » *(kripa)*, en souhaitant à tous, de tout cœur, les bénédictions dont j'ai été comblé, l'aide que j'ai reçue et les certitudes qui m'ont été transmises. Ces certitudes, seuls l'enseignement direct, la pratique et l'expérience peuvent les donner. Le maître enseigne non parce qu'il sait plus que l'élève mais parce qu'il est plus que l'élève : il voit ce que celui-ci ne voit pas ; il comprend ce que celui-ci ne comprend pas, il peut ce que celui-ci ne peut pas.

## TABLE DES MATIERES

*Cet ouvrage reproduit par procédé photomécanique*
*a été achevé d'imprimer en novembre 1990*
*sur les presses de l'Imprimerie Bussière*
*à Saint-Amand (Cher)*
*pour le compte des Éditions de La Table Ronde*

N° d'Édition : 2564. N° d'Impression : 3080.
Dépôt légal : novembre 1990.
*Imprimé en France*